Dieses Buch gehört

. . . .

. . . .

. . . .

Abenteuergeschichten

Texte von Jan Astley, Becky Brookes,
Gaby Goldsack, Kath Jewitt, Paeony Lewis,
Sue Nicholson, Ronne Randall,
Louisa Somerville

Illustrationen: John MacGregor

Design: Blue Sunflower Creative

Copyright © für die deutsche Ausgabe
Parragon Books Ltd
Queen Street House
4 Queen Street
Bath BA1 1HE, UK

Realisation der deutschen Ausgabe: trans texas publishing, Köln
Übersetzung: Kirsten Lehmann, Köln
Lektorat: Ulrike Reinen, Köln

ISBN 978-1-4454-2013-4
Printed in China

Abenteuergeschichten

PaRragon

Bath • New York • Singapore • Hong Kong • Cologne • Delhi
Melbourne • Amsterdam • Johannesburg • Auckland • Shenzhen

Inhalt

Sammy,
die Super-
detektivin

Sammy ließ sich auf die Knie fallen und kroch hinter der Hecke entlang.

Doch es war zu spät – sie war bereits entdeckt worden.

„Bist du das, Sammy?", rief ihre Mutter. „Komm hinter der Hecke hervor, ich habe dich gesehen!"

„Oha", murmelte Sammy. Es sah so aus, als würde sie nie herausfinden, wo ihr Geburtstagsgeschenk versteckt war. Zumal ihr Zuhause auch ein Hotel war – das *Haus Seeblick* – mit vielen Gästezimmern, die durchsucht werden mussten.

„Du bist eine unverbesserliche Topf-guckerin", lachte ihre Mutter, als Sammy um die Ecke krabbelte.

„Bin ich nicht!", erklärte Sammy. „Ich

bin nur neugierig. Und das muss man als Superdetektivin schließlich sein."

„Superdetektivin? Für mich siehst du eher nach einem kleinen Mädchen in schmutzigen Jeans aus."

Sammy richtete sich auf und reckte ihre Nase zum Himmel. „Genau – ich bin eine Superdetektivin", sagte sie betont. „Hier – ich habe sogar einen Detektivblock und eine Lupe. Die gehören zur Detektivausrüstung, die ich von Papa bekommen habe."

„Also gut, dann viel Spaß beim Detektivspielen. Aber belästige bitte die Gäste nicht. Herr Schwarz aus Nummer 10 hat sich darüber beschwert, dass du ihn schon wieder mit dem Fernglas ausspioniert hast."

Sammy marschierte verärgert davon. Niemand nahm ihre detektivische Arbeit ernst. Alle lachten nur und tätschelten ihren Kopf. Sie schienen völlig zu vergessen, wie viele Rätsel sie schon gelöst hatte. Schließlich hatte sie herausgefunden, dass die Eichhörnchen Mutters Karotten stahlen. Und sie war es, die eine Falle aufgestellt und Bruno, den Hund, erwischt hatte, als er mit der Post sämtlicher Gäste davonlaufen wollte.

„Ich bin eine gute Detektivin. Und eines Tages werden das alle erkennen", brummelte Sammy vor sich hin. Sie saß auf ihrer Schaukel und zog Notizblock und Bleistift hervor. Eine Weile beobachtete sie das Hotel; dann begann sie mit ihren Aufzeichnungen.

14:00 Uhr – Papa bringt den Müll raus.

14:05 Uhr – Bruno schnüffelt am Baum, dann schleicht er in seine Hütte.

14:08 Uhr – Mama kommt aus dem Haus und putzt Fenster.

14:10 Uhr – Papa geht zurück ins Haus.

14:12 Uhr – Herr Schwarz verlässt das Hotel. Er trägt eine dunkle Brille und einen Schnauzbart. Muss beobachtet werden.

14:15 Uhr – Geschrei aus dem Hotel. Ich schaue besser mal nach, was da los ist ...

Sammy rannte im selben Augenblick ins Hotel, als Frau Kringel aus Nummer 5 zur Rezeption eilte. Die kleine, grauhaarige Dame zitterte und fasste sich ans Herz.

„Hiiilfee! Mein Diamantring ist verschwunden! Er ist ein halbes Vermögen wert! Wahrscheinlich hat Ihr Hund ihn stibitzt. Wissen Sie noch, wie er unsere Post gestohlen hat? Holen Sie die Polizei! Die Feuerwehr! Und den Notarzt! Holen Sie *irgendjemanden*!", erklärte sie ohne Unterbrechung.

„Nun holen Sie erst einmal Luft und erzählen Sie langsam noch mal von vorn", sagte Sammys Vater  freundlich. „Habe ich Sie richtig verstanden, dass Sie Ihren Ring vermissen?"

„Ja, das haben Sie! Mein Diamantring

ist verschwunden. Erst lag er auf dem Waschbeckenrand, und im nächsten Augenblick war er verschwunden. Ich glaube, Ihr Hund war es. Ich habe gesehen, wie er mein Zimmer verließ, und er sah dabei verdammt schuldig aus. Ich wette, dieser räudige Köter hat ihn verschluckt!"

„Vielleicht kann ich helfen", unterbrach Sammy die alte Dame, stellte sich an ihre Seite und nahm ihren Ellbogen. „Bruno kann es nicht gewesen sein, weil ..."

„Nicht jetzt, mein Kind", sagte Frau Kringel. „Dies ist eine Angelegenheit unter Erwachsenen." Die alte Dame wandte sich wieder an Sammys Vater: „Ich würde ja nicht so einen Aufstand machen, wenn es sich nicht um das Wertvollste handelte, das ich besitze", sagte sie. „Der Ring ist Tausende wert."

„Machen Sie sich keine Sorgen", sagte Sammys Vater. „Ich rufe die Polizei, und wir durchsuchen das Hotel von oben bis unten. Wir lassen selbst Bruno nicht aus den Augen, um zu sehen, ob – ähm ...", er hüstelte und sah leicht beschämt zu Boden, „... er ihn gefressen hat – Sie wissen schon. Wir tun alles, um die Situation zu klären."

Sammy kicherte. Ihr Vater und die alte Dame blickten sie mit gerunzelter Stirn an.

„Na gut", sagte Frau Kringel und sah Sammy dabei noch immer zornig an. „Ich fürchte nur, sollte der Ring nicht mehr auftauchen, muss ich Sie bitten, den Schaden zu ersetzen. Nicht, dass ich das unbedingt möchte – aber ich bin nur eine arme alte Frau, die von ihrer Rente leben muss."

„Natürlich, natürlich", sagte ihr Vater, der bereits die Nummer der Polizei wählte.

Ein paar Stunden später stand Sammy auf dem obersten Treppenabsatz und belauschte das Gespräch zwischen einem Polizisten und ihrem Vater.

„Kein Zeichen gewaltsamen Eindringens festzustellen", sagte der Polizist. „Keine fremden Fingerabdrücke. Kein

Durcheinander. Sieht aus, als wäre es jemand aus dem Haus gewesen. Und da wir aus den Aufzeichnungen Ihrer Tochter wissen, dass Sie und Ihre Frau zur fraglichen Zeit draußen waren, deutet alles auf den Hund hin. Er hat sich ja schon einmal als Dieb erwiesen", fügte er noch hinzu.

Sammy rannte die Treppe hinunter und zupfte den Polizisten am Ärmel. „Aber Bruno war in seiner Hütte, als es passierte!", rief sie.

„Bist du sicher?", fragte der Polizist. „Warst du die ganze Zeit bei ihm?"

„Nein", antwortete Sammy zögernd. „Aber ich habe gesehen, wie er in die Hütte ging."

„Er hätte wieder herauskommen und ins Haus laufen können, ohne dass du ihn bemerkt hättest – oder nicht? Schließlich warst du damit beschäftigt, alle anderen zu beobachten."

„Na ja – theoretisch hätte es so sein

können", antwortete Sammy. „Aber ich bin sicher, Bruno wäre nicht ausgerechnet in Frau Kringels Zimmer gelaufen. Ich glaube, er mag ihr Parfum nicht und geht ihr lieber aus dem Weg. Was ist mit Herrn Schwarz? Er hätte den Ring mitnehmen können. Er

wurde gesehen, als er den Tatort zur Tatzeit verließ."

Der Polizist fummelte an den Knöpfen

seiner Uniform herum; ihm schien das Gespräch unangenehm zu werden. „Herr Schwarz war es nicht. Das weiß ich hundertprozentig. Und auf meine Aussage kannst du dich verlassen. Wie ich schon sagte: Alles deutet auf den Hund hin."

Beim Frühstück am nächsten Morgen waren Sammys Eltern ausgesprochen schweigsam. Sammy war Bruno wie ein Schatten gefolgt und war sicher, dass er nichts ... fallen gelassen hatte. Der Ring blieb verschwunden, und es sah so aus, als müssten ihre Eltern die Kosten für einen neuen übernehmen.

Nach dem Frühstück ging Sammy hinauf in ihr Zimmer und holte ihre „Superdetektiv"-Ausrüstung hervor. Sie wühlte in der Kiste, bis sie fand, wonach sie suchte – einen riesigen Hut, einen außergewöhnlich buschigen Schnauzbart und eine alberne Riesensonnebrille. Sie zog alles an und betrachtete sich im Spiegel.

„Perfekt", grinste sie. „In dieser

geschickten Verkleidung wird mich niemand erkennen." Und kurzerhand machte sie sich auf, um Brunos Ehre zu retten.

Sammy achtete darauf, von niemandem gesehen zu werden, als sie aus dem Haus rannte und sich zunächst hinter dem Apfelbaum versteckte. Dort wartete sie, bis Herr Schwarz aus dem Hotel kam. Als er auf die Straße ging, zählte Sammy bis zwanzig, dann schlich sie ihm hinterher.

Sammy folgte Herrn Schwarz die Straße entlang und anschließend die Hauptstraße hinunter; sie stahl sich von einem Laternenpfahl zum nächsten, versteckte sich hinter Briefkästen und allem, was diesem Zweck dienen konnte. Auf einmal drehte sich Herr Schwarz um und blickte direkt in Sammys Richtung. Sammy starrte unverhohlen zurück und ging ohne zu zögern weiter. Als sie sich beinahe schon gegenüberstanden, drehte sich Herr Schwarz um und setzte seinen Weg fort.

„Puh", dachte Sammy. „Das war knapp! Gut, dass ich so clever verkleidet bin."

Sammy verfolgte Herrn Schwarz, bis er ein Gebäude betrat, das sie bisher noch nie gesehen hatte. Da sie sich in ihrer Verkleidung sicher fühlte, ging sie bis direkt vor das Gebäude, legte den Kopf in den Nacken und entzifferte das Schild über dem Eingang.

„POLIZEI", las Sammy laut.

„Genau – die Polizeiwache", sagte eine Stimme hinter ihr.

Sammy holte tief Luft und drehte sich um. Hinter ihr stand Herr Schwarz; er hatte die ganze Zeit gemerkt, dass sie ihn verfolgte.

„Warum folgst du mir, Sammy?", fragte er. Dabei nahm er seine Brille ab und sah sie freundlich an.

„Äh ... Ich heiße nicht Sammy", log Sammy. „Ich bin ... Herr Braun."

„Ach, hör auf, Sammy", lachte Herr Schwarz. „In dieser albernen Verkleidung erkennt dich jeder. Aber es sieht so aus, als hättest du mein kleines Geheimnis entdeckt."

Plötzlich bekam Sammy ein klitze- kleines bisschen Angst. Über welches kleine Geheimnis sprach er? Oh Gott! Diesmal sah es aus, als geriete sie in *große* Schwierigkeiten.

„Geheimnis? Ich weiß nichts von Geheimnissen. Ich weiß gar nicht, wovon Sie reden", plapperte sie drauflos, riss sich die Verkleidung herunter und begann, rückwärtszugehen. „Ich bin doch nur ein dummes kleines Mädchen. Warum sollte ich mich um einen Ringe klauenden alten Ganoven kümmern?"

So laut hatte Herr Schwarz noch nie gelacht.

„Sammy, ich bin kein Ganove. Ich bin Polizist – und zwar ein Polizist in Zivil. Das ist das Geheimnis, von dem ich sprach."

Sammy war zum ersten Mal sprachlos. Herr Schwarz war ein Detektiv? Aber wenn er Detektiv war – warum tat er dann so, als wäre er ein Gast im *Haus Seeblick*? Sammy schüttelte verwirrt den Kopf.

Herr Schwarz führte sie ins Polizeigebäude und erklärte ihr, dass er eine verdeckte Ermittlung durchführte.

„Ich habe Grund zu der Annahme, dass Frau Kringel nicht die ist, die sie vorgibt zu sein", sagte er. „Wie es aussieht, ist sie keine nette alte Dame – sondern Diamanda Di, eine bekannte Diamantendiebin und Allround-Ganovin."

„Aber was macht sie in unserem Hotel?", fragte Sammy.

„Sie versucht vermutlich, sich von deinen Eltern Geld zu erschwindeln. Ich glaube nicht, dass es den Diamantring jemals gab. Sie will deinen Eltern weismachen, Bruno habe ihn genommen."

„Boah!" Sammy traute ihren Ohren nicht. Sie hatten eine echte, lebendige Schurkin in ihrem Hotel. Und, was noch schlimmer war, sie versuchte, ihre Eltern zu betrügen!

„Damit wird sie bei mir nicht durchkommen!", rief Sammy.

„Bei mir auch nicht", sagte Herr Schwarz. „Und ich habe auch schon einen Plan: Alles, was wir tun müssen, ist, Diamanda Di einen Diamantring unter die Nase zu halten. Sie wird der Verlockung nicht widerstehen, und wenn sie versucht, ihn zu stehlen, wird sie sich selbst demaskieren – da bin ich sicher!"

„Geht das hiermit?", fragte Sammy und holte etwas aus ihrer Tasche. Es funkelte und glänzte. Der Glasring stammte aus Sammys „Superdetektiv"-Ausrüstung. „Glitzert wie ein echter

Diamant", hatte es auf der Verpackung geheißen.

Herr Schwarz – oder vielmehr „Detektiv Schwarz", wie Sammy ihn nun nannte – nahm den Ring. „Den können wir gut gebrauchen", grinste er.

Später am Abend, als Frau Kringel im Speiseraum saß, schlenderte Sammy herein und ließ den Ring auf der Anrichte liegen. Dann verließ sie das Zimmer und drückte sich neben Herrn Schwarz hinter die Tür.

Sie brauchten nicht lange zu warten. Sobald Frau Kringel den funkelnden Ring entdeckt hatte, leuchteten ihre Augen auf. Wie der Blitz sprang sie auf, schnappte sich im Vorbeigehen den Ring und ließ ihn in ihrer Tasche verschwinden.

„Für eine Rentnerin sind Sie ganz schön fix", erklärte Herr Schwarz und kam hinter der Tür hervor. „Aber nicht fix genug!"

Blitzschnell ergriff er Frau Kringels Arm, und Sekunden später trug sie Hand-

schellen. „Diamanda Di, ich verhafte Sie wegen Diebstahl und Betrug."

„Ich glaube, Sie haben etwas eingesteckt, das mir gehört", ließ Sammy mit tiefer, Autorität vermittelnder Superdetektiv-Stimme verlauten und trat hervor, um den falschen Diamantring von Frau Kringel zurückzufordern.

„Du steckst also dahinter!", sagte Diamanda Di und sah Sammy an, als sei sie ein Gespenst. „Aber woher wusstest du, wer ich bin?", fragte sie mit einer Stimme, die überhaupt nicht nach der alten Frau Kringel klang.

Dabei schüttelte sie so zornig den Kopf, dass die graue Lockenperücke herunterfiel. Darunter kamen kurze Borstenhaare zum Vorschein. Sie war die ganze Zeit über verkleidet gewesen!

„Ich beobachte Sie seit Monaten", sagte Herr Schwarz. „Doch ohne meine Kollegin hier – Detektivin Sammy – hätte ich Sie niemals gefasst."

Sammy wurde rot vor Stolz.

Sie war wirklich eine Superdetektivin.

Wenn sie doch nur noch herausfand, wo ihr Geburtstagsgeschenk versteckt war!

Robert
und der
Zauberhelm

Robert stand aufrecht und so gerade wie er konnte, während seine Mutter seine Größe maß. Sie blickte auf das Metermaß und sagte: „114 Zentimeter – du bist in den letzten zwei Monaten vier Zentimeter gewachsen! Darüber kannst du dich wirklich freuen."

Aber Robert freute sich nicht.

„Was ist los mit dir?", fragte seine Mutter.

„Ich bin und bleibe ein Stöpsel", sagte Robert, „egal, wie viel ich wachse. Ich bin noch immer kleiner als Tom und Dany. Ich werde nie so groß sein wie meine Freunde ... Ich bin ein Versager!"

„Du bist überhaupt kein Versager", sagte Roberts Mutter. „Und um Sieger zu werden, musst du nicht groß sein. Jeder kann groß sein – und zwar innerlich. Außerdem vergiss nicht", sagte sie und lächelte: „Wenn deine Beine lang genug sind, um den Boden zu berühren, hast du genau die richtige Größe!"

„Oh, Ma-ma!", stöhnte Robert. „Das sagst du jedes Mal. Das hilft überhaupt nicht!" Er stapfte aus seinem Zimmer, polterte die Treppe hinunter und ließ sich vor den Fernseher plumpsen. Die Fußball-übertragung wollte er nicht verpassen.

Robert liebte Fußball fast so sehr, wie er es hasste, klein zu sein. Doch wenn seine Freunde sich zu einem Spiel trafen, spielte Robert nie mit. Sie waren alle so viel größer und stärker als er – und er hatte Angst, nicht so schnell laufen zu können und nicht so stark zu sein wie sie. Was, zum Beispiel, wenn ihn jemand angriff? Er würde doch einfach über den Haufen gerannt werden! Also erfand er immer eine Ausrede, wenn sie ihn aufforderten, mitzuspielen.

Aber Robert sah für sein Leben gern beim Fußballspielen zu, und er wusste alles über seinen Lieblingsverein, den 1. FC Schlossbach. Die Wände seines Zimmers waren blau und golden – in den Schlossbacher Farben – gestrichen, und er ging mit seinem Vater zu beinahe jedem Heimspiel. Und wenn Schlossbach ein Auswärtsspiel hatte, so wie heute, dann verfolgte Robert es im Fernsehen.

Fast zwei Stunden lang hockte er wie angenagelt vor dem Fernseher und sah zu, wie die Schlossbacher Spieler über das Spielfeld stürmten. Wie gern wäre er genauso wie sie! Doch wenn er an seine Größe dachte, verließ ihn der Mut.

Am nächsten Tag, einem Sonntag, holte Robert nach dem Mittagessen sein Fahrrad und fuhr zum Stadtpark. Dort traf er ein paar Jungs, die er aus der Schule kannte, darunter seine Freunde Tom und Dany.

„He, Robert!", rief Dany. „Wir stellen gerade zwei Fünfermannschaften zusammen. Komm her – wir brauchen dich auf unserer Seite!"

Ein Teil in Robert wünschte sich verzweifelt, mitzuspielen. Doch ein anderer Teil hatte Angst. Was, wenn er nicht so schnell laufen konnte wie die anderen? Was, wenn er mit seinen kurzen Beinen über den Ball stolperte? Was, wenn die gegnerische Mannschaft ihn auslachte? Was, wenn er schuld wäre,

dass seine Mannschaft das Spiel verlor – und seine Freunde wütend auf ihn wurden?

„Äh ... tut mir leid", sagte Robert, „ich muss für meine Mutter etwas besorgen ... keine Zeit ... Bis dann!" Und er schwirrte auf seinem Rad davon, noch bevor irgendjemand ein Wort sagen konnte.

Robert fuhr aus dem Park und versuchte, nicht zu weinen. Er wusste nicht, wohin. Wenn er nach Hause fuhr, fragten ihn seine Eltern, warum er schon zurück war. Und heute, am Sonntag, war der Zeitungskiosk über Mittag zu – also konnte er sich nicht einmal von seinem Taschengeld ein Fußballmagazin kaufen.

So fuhr er ziellos die Geschäfte entlang und war überrascht, dass eins von ihnen geöffnet hatte – ein staubiger alter Trödelladen, den er zuvor noch nie bemerkt hatte. Jetzt, wo er nichts Besseres zu tun hatte, hielt er an und betrachtete die Dinge, die vor dem Eingang ausgestellt waren.

Eine mit Blumen bemalte Truhe stand dort – und obendrauf ein Schiff in einer großen Flasche; daneben ein kaputter Schaukelstuhl und diverse Kisten mit alten Büchern. Robert ging die Bücher durch, um zu sehen, ob eins über Fußball dabei war. Er fand keines – stattdessen aber ein altes Buch in einem vergilbten Umschlag mit dem Titel *Ritter der alten Schule*. Robert nahm es in die Hand und begann, darin zu blättern.

Schon bald war er in die Bilder von steinernen Burgen und Rittern in ihren Rüstungen vertieft. Besonders ein Bild hatte es ihm angetan: ein Ritter auf einem weißen Pferd, der seine Lanze in einen Feuer speienden Drachen stieß.

„Wenn ich doch nur so groß wäre", seufzte Robert. „Dann wäre ich vielleicht auch so mutig."

Als er von dem Buch aufsah, bemerkte Robert etwas Glänzendes im Schaufenster des Ladens: einen Metallhelm – er sah genauso aus wie der, den der Ritter im Buch trug!

Robert wurde neugierig und betrat den Laden. Drinnen war es dunkel und voller Staub – und zuerst dachte er, es sei niemand da. Doch dann kam aus dem hinteren Teil des Ladens eine grauhaarige Frau auf ihn zu. Sie trug ein dunkelgrünes

Kleid und eine graue, abgetragene Strickjacke, und sie lächelte freundlich. Als sie
Robert ansah, hatte er das Gefühl, sie
könne direkt in ihn hineinsehen.

„Hallo, junger Mann", sagte sie.
„Womit kann ich dir helfen?"

„Dürfte ich einen Blick auf den Helm
im Schaufenster werfen?", fragte Robert.

Ihr warmherziges Lächeln zauberte
lauter kleine Falten um die Augen der alten
Frau. „Aber gern!", sagte sie. „Du kannst
ihn auch ausprobieren, wenn du möchtest."

Sie holte den Helm aus dem
Schaufenster, klopfte den Staub ab und
überreichte ihn Robert. „Bitte schön", sagte
sie. „Er könnte dir sogar passen."

Robert stülpte den Helm über seinen
Kopf. Darunter war es dunkel und kühl. Die
Frau hatte recht – er passte haargenau, als
ob der Helm für ihn gemacht worden wäre.

Plötzlich spürte Robert einen kalten
Luftzug und etwas Schweres auf beiden
Schultern. Als seine Augen sich daran

gewöhnten, durch das Visier zu blicken, veränderte sich das Licht in dem Laden.

„Komisches Gefühl", dachte er und zog den Helm wieder ab. Doch dann blickte er verwirrt um sich.

Er stand nicht mehr in dem Trödelladen, sondern in der zugigen Halle einer alten Burg. Und als er an sich hinabblickte, sah er, dass er von Kopf bis Fuß in einer Ritterrüstung steckte!

Plötzlich kam ein Junge in einem Lederhemd und hohen Stiefeln mit einer

Lanze in der Hand auf ihn zu gerannt. „Ritter Robert!", rief er aufgeregt. „Zieht Euren Helm auf und holt Eure Lanze! Die anderen warten bereits auf Euch!"

„Wer bist du?", fragte Robert.

„Erkennt Ihr mich nicht?", fragte der Junge. „Ich bin Peter, Euer Knappe. Ihr geht mit Ritter Thomas und Ritter Daniel auf Drachenjagd – und sie werden gleich losreiten!"

Robert stülpte sich den Helm erneut über, und Peter führte ihn hinaus auf den Hof. Dort warteten zwei Ritter auf ihren Pferden; beide waren weitaus größer und kräftiger als Robert.

„Wenigstens das hat sich nicht verändert", dachte Robert im Stillen. „Verglichen mit den anderen bin ich nach wie vor der Stöpsel."

Robert stieg auf sein Pferd – ein weißes Pony, kleiner als die anderen Pferde. Obwohl er noch niemals geritten war, schien er genau zu wissen, was zu tun war, und folgte den anderen aus dem Schlosshof hinaus und den Weg hinunter.

„Der Drache bedroht seit Wochen unser Land", berichtete ihm Ritter Daniel. „Der König zählt auf uns – dass wir die Bestie ein für alle Mal loswerden. Und wir benötigen Eure Hilfe, Ritter Robert."

„Wie könnte *ich* euch denn helfen?", fragte sich Robert laut.

„Seid nicht so bescheiden", lachte Ritter Thomas. „Jeder weiß, dass Ihr der geschickteste Drachentöter im ganzen Land seid!"

Robert war überrascht, das zu hören, doch er beschloss, nichts weiter zu sagen. Und so setzten die drei Ritter, gefolgt von ihren Knappen, ihren Weg fort.

Sie ritten durch einen Wald und gelangten schließlich auf eine Lichtung. Am Horizont erhob sich ein Berg aus nackten Felsen mit einer seitlich gelegenen Höhle. Dicker Rauch quoll aus dem Höhleneingang.

„Dort – der Bau des Drachen!", rief
Ritter Daniel. „Gleich werden wir unserem
Feind gegenüberstehen."

Lange brauchten die Ritter nicht zu
warten; nur wenige Augenblicke später war
ein fürchterliches Brüllen zu hören, und
Flammen schossen aus der Höhle. Kurz
darauf folgte der Drache.

Er sah grässlich aus – so groß wie ein
Haus und über und über mit dicken grünen
und grauen Schuppen bedeckt. Seine
breiten Flügel hatten Dornen, die schweren
Füße besaßen riesige Krallen, und seinen
langen Hals konnte er bis zum Boden
recken. Doch das Schlimmste war: Als er
die Ritter anfauchte, quoll dicker Rauch
aus seinen Nasenlöchern, und aus seinem
Maul schossen glühend heiße Flammen.

Robert hatte noch nie etwas so Furch-
terregendes gesehen; doch es war längst zu
spät, um wegzulaufen. Hier war er, im
Angesicht des Drachen, und seine Ritter-
kameraden zählten auf ihn – obwohl er

keine Ahnung hatte, wie er das Monster erlegen sollte.

Ritter Daniel ritt voran und richtete die Spitze seiner Lanze nach vorn. „Attacke!", schrie er, und die anderen folgten ihm. Doch der Drache senkte den Kopf und ließ die alles versengenden Flammen aus seinem Maul schießen,

sodass sie den Rückzug antreten mussten. Sie waren zu groß, um unter den langen Hals des Drachen zu gelangen ...

... alle, außer Robert. Plötzlich wusste er genau, was zu tun war. Er sprang vom

Pferd, hielt seine Lanze nach oben und rief den anderen zu: „Lenkt ihn ab!"

Als die anderen den Drachen mit ihren Lanzen reizten, lief Robert wagemutig unter den Hals des Drachen und bohrte seine Lanze mit aller Kraft in dessen Brust.

Die Flammen erstarben. Der Rauch verebbte. Unter lautem Stöhnen krachte das Biest zu Boden. Robert hatte den Drachen erlegt!

„Hurra!", jubelten die Ritter.

„Hurra!", jubelten die Knappen.

„Puh!", sagte Robert. „Was für eine Erlösung!"

Triumphierend machten sich die Ritter auf den Weg zurück in die Burg. Einer der Knappen war mit der guten Nachricht bereits vorausgeritten, und so erwartete die Ritter ein jubelnder Empfang – angeführt vom König höchstpersönlich.

„Ritter Robert", sagte der König, „Ihr seid ein wahrer Held. Mein Königreich ist tief in Eurer Schuld!"

„Ich fühle mich geehrt, Eure Majes-
tät", sagte Robert. Er stieg vom Pferd und
nahm seinen Helm ab.

Plötzlich spürte er einen kalten Luftzug und sah sich um. Seine Ritterrüstung
war verschwunden. Er steckte wieder in
seinen gewöhnlichen Kleidern und stand in
dem Trödelladen – neben ihm die freund-
liche alte Frau. Sie lächelte zu ihm herab.

„Das ist ein ganz erstaunlicher Helm",
flüsterte Robert ihr zu.

„Das stimmt", sagte sie. „Er gehörte
einst einem sehr galanten Ritter namens
Robert, der Kühne. Ich glaube, er war
kleiner als alle anderen Ritter, aber dafür
doppelt so mutig wie sie – und in seiner Zeit
war er ein großer Held."

„Wirklich? Ich heiße auch Robert",
sagte Robert schüchtern.

„Nicht möglich!", sagte die alte Frau.
„Na, dann sollst du den Helm auf jeden
Fall bekommen; außerdem passt er dir
genau."

„Danke!", sagte Robert, und seine Augen glänzten. „Vielen herzlichen Dank!"

„Gern geschehen", sagte die Frau schmunzelnd; dann schlurfte sie nach hinten in den Laden und verschwand.

Robert ging nach draußen, nahm sein Fahrrad und verstaute den Helm im Fahrradkorb. Als er Richtung Park fuhr, sah er, dass das Spiel der Fünfermannschaften soeben zu Ende ging.

„Jo und Ben haben bei uns mitgespielt, aber wir haben um einen Punkt verloren", sagte Dany, als Robert ankam. „Ben muss nach Hause, doch wir können weitermachen, wenn wir einen Ersatzspieler finden. Ich schätze mal, du willst immer noch nicht mitspielen, oder?"

Robert zögerte eine Minute lang. Dann fiel sein Blick auf den funkelnden Helm in seinem Fahrradkorb.

„Doch!", sagte Robert mutig. „Ich spiele mit."

„Endlich!", riefen Dany und Tom.

Als Robert zu seinen Freunden aufs Spielfeld lief, war er noch immer ein wenig nervös. Doch jedes Mal, wenn er hinüber zu seinem Fahrrad blickte und dort den glänzenden Helm sah, fühlte er sich sicherer.

Und er spielte gut! Er konnte mit den anderen mithalten, stolperte nicht einmal über den Ball und wurde bei Angriffen der gegnerischen Mannschaft auch nicht über den Haufen gerannt.

Aber als sich die zweite Hälfte dem Ende näherte, hatte es seine Mannschaft nur bis zum Unentschieden gebracht.

„Nur noch ein Tor!", schrie Dany, der für seine Mannschaft im Tor stand.

Robert war am anderen Ende des Spielfelds, als Tom den Ball

erhielt. Tom stürmte nach vorn, wurde jedoch von zwei Jungen der gegnerischen Mannschaft aufgehalten.

Robert, der ebenfalls losgelaufen war, wusste, was zu tun war.

„Du bist Ritter Robert, der Kühne", erinnerte er sich. „Und du *kannst* es!"

Er stürmte mit aller Kraft nach vorn; und da er viel kleiner war als sie, preschte er zwischen den beiden großen Gegnern hindurch. Geschwind übergab Tom Robert den Ball – und der setzte ihn ins Netz!

Robert hatte das entscheidende Tor geschossen!

„Hurra!", schrien die anderen Spieler.

„Hurra!", schrien alle Zuschauer.

„Ich kann nicht glauben, dass ich das war!", grinste Robert in sich hinein.

Doch dann blickte er hinüber zu seinem Helm, und da glaubte er es. Er wusste: Selbst wenn er niemals so groß und stark werden würde wie seine Freunde, war er doch mutig – und ein Sieger!

Eisen-Jack

Einst lebte in einem fernen Land ein Piratenjunge namens Eisen-Jack. Zusammen mit seinen Eltern und seinen vier Brüdern – Dick, Mick, Nick und Rick – lebte er auf einem Schiff, der *Salzigen Suse.*

Jacks Mutter war Kapitänin, und alle nannten sie „Käpten Ma". Sein Vater war der Erste Steuermann; er wurde „Steuermann Pa" genannt. Eisen-Jack und seine Brüder waren ein bunter Haufen – und zusammen die raubeinigste Piratenbande, die je über die sieben Weltmeere segelte.

Genauer gesagt: Alle in Jacks Familie waren Raubeine; nur er selbst war eher ein Softie. Er sah nicht grob und gemein aus wie die anderen, auch wenn er einen

Piratenhut und ein Piratenschwert trug. Unter seiner Piratenkluft trug er ein goldenes Herz. Eisen-Jack hasste es geradezu, andere Schiffe zu entern und deren Schätze zu rauben. Er sagte andauernd „Entschuldige bitte" und „Verzeihen Sie mir" und lauter Dinge, die ein Pirat, der etwas auf sich hält, niemals sagen würde.

Auch sein Name stammte nicht etwa daher, dass er so unnachgiebig wie Eisen war oder weil er ein eisernes Schwert trug – oh nein! Er hieß so, weil er als Einziger auf der *Salzigen Suse* fürs Bügeleisen zuständig war – denn er bügelte leidenschaftlich gern! Vor allem aber *hasste* er Segeln. Er konnte weder Back- und Steuerbord auseinanderhalten, noch wusste er Bug und Heck zu unterscheiden. Und das Schlimmste von allem: Es war ihm egal.

Wenn die anderen Piraten in ihrer Freizeit in der Takelage herumkletterten und „Beim Klabautermann!" und „Besanschot an!" brüllten, träumte Eisen-Jack von einem trockenen Leben an Land. Er träumte davon, in einem vornehmen Haus zu leben, schöne Kleider zu tragen und edle Pferde zu reiten. Unter seinem Kopfkissen verwahrte er sogar ein abgegriffenes Bild von solch einem Traumhaus: auf einem großzügigen Grundstück, mit einer langen Auffahrt und einem riesigen Garten. Jedes Mal, wenn seine Brüder das Bild sahen, lachten sie. „Warum gefällt dir das bloß besser als die *Salzige Suse*?", fragten sie prustend.

„Versteht sich wohl von selbst ...", murmelte Eisen-Jack dann leise vor sich hin, während die *Salzige Suse* von einer Seite auf die andere schaukelte und vom Deck herab Salzwasser auf seinen Kopf tropfte. Mit jedem Tag wuchs Jacks Verlangen, das Piratenschiff zu verlassen.

Eines Tages – die *Salzige Suse* hatte gerade in einem Hafen festgemacht – flog Poldi, der Papagei, mit einem Brief im Schnabel an Bord. Käpten Ma schnappte sich den Brief – und während sie las,

breitete sich mit jedem Satz
ein noch breiteres Grinsen
auf ihrem Gesicht aus.

„Hört zu, Schiffs-
kameraden!", schrie sie.
„Das hier kommt von
meiner kleinen Schwes-
ter – eurer Tante Sophie",
fuhr sie fort und nickte
ihren Söhnen zu. „Sie
will mit ihren Töchtern
Ferien auf der *Salzigen
Suse* machen. Is' ja 'n Ding! 'ne Horde
Landratten will uns Piraten besuchen.
Wann die wohl kommen? ... Oh, hier
steht's: am vierundzwanzigsten Juni ...
beim Klabautermann – wenn das nich'
heute is'!"

Käpten Ma sah sich mit Schrecken um.
Sie hatten gerade ein Schiff überfallen, und
die *Salzige Suse* war nicht gerade in bestem
Zustand. Und Ma war zwar eine Piratin –
doch eine, die stolz auf ihr Schiff war.

„Dick, du scheuerst das Deck. Mick, du entwirrst die Takelage. Nick, mach die Kanone sauber. Rick, polier sämtliche Messingbeschläge. Und du, Jack, bügelst die Totenkopf-Fahne. Inzwischen mach ich einen Fischauflauf. Pa kann die Limo mixen. Wir bereiten Sophie und ihren Töchtern 'nen echten Piratenempfang!"

Eisen-Jack hatte soeben die frisch gebügelte Piratenflagge hochgezogen, als er die Laufplanken knarren hörte.

„Ju-huu!", rief eine damenhafte Stimme. „Ist jemand zu Hause?"

„Nee – außer uns Piraten", antwortete Käpten Ma, bevor sie ein äußerst unpiratisches Quietschen hören ließ und den Besuchern entgegenrannte.

Jacks Mund blieb offen stehen, als er seine Cousinen erblickte. Er hatte sie noch nie zuvor gesehen, und sie sahen vollkommen anders aus, als er erwartet hatte. Sie trugen nicht etwa hübsche Kleider, und ihre Haare fielen nicht in goldblonden

Löckchen auf die Schultern herab. Ihre Gesichter waren schmutzig. Sie sahen alles andere als liebenswerte Mädels vom Lande aus, sondern vielmehr wie Piraten!

Die Jüngste kam auf Eisen-Jack zu und streckte ihm die Hand entgegen.

„Ich heiße Flo", sagte sie. „Die mittlere heißt Mo und die Älteste Jo. Wir sind deine Cousinen, und wir wollen auch mal Piraten sein – wie ihr. Schau mal, wir haben sogar diese schicken Kostüme an. Unsere Mutter hat sie extra genäht", fügte Flo stolz hinzu.

Eisen-Jack zog die Stirn kraus und sah sich Hilfe suchend nach seinen Brüdern um; doch die waren damit beschäftigt, Tante Sophie mit ihren Taschen zu helfen.

„Ähm ... Warum wollt ihr das?", fragte Eisen-Jack. „Ich meine ... Piraten sein – wo ihr doch ein schönes Haus habt und ein perfektes Landleben führen könnt."

„Oje! Wo soll ich nur anfangen?", fragte seine Cousine. „Also – da ist zuerst einmal die *Salzige Suse*: Jeder würde doch gern auf einem solchen Superschiff leben! Dann der weite Ozean und die frische Seeluft. Nicht zu vergessen die Taue in der Takelage, an denen man den ganzen Tag lang schaukeln kann; außerdem die Kämpfe und die Schätze ... und die einsamen Inseln! Ach ja – hab ich schon die Piratenkluft erwähnt?"

Flo wirbelte vor Eisen-Jack herum, der immer weniger begriff. Sie zählte weitere Vorteile des Piratenlebens auf, als Käpten Ma die Schiffsglocke ertönen ließ und zum Essen rief. Ma hatte ein wahres Festessen zubereitet und an Deck die Tafel hergerichtet. In der Mitte des langen Tisches wartete ein riesiger Fischauflauf. Kurz darauf hauten alle mächtig rein.

„Hm, frischer Fischauflauf!", rief Flo begeistert. „So was kriegen wir zu Hause nie."

„Und wir dürfen nie draußen unter den Sternen essen, wie hier!", fügte Mo hinzu.

„Und erst recht nicht mit den Händen",

ergänzte Jo und schob sich ein besonders großes Auflaufstück in den Mund.

Als alle satt waren, kramte Steuermann Pa seine Mundharmonika hervor und spielte eine Seemannsmelodie. Gleich darauf tanzten und sangen alle. Eisen-Jack und Flo sahen zu, als Tante Sophie, Mo und Jo wie echte Piraten an Deck herumtobten.

„Weißt du was?", fragte Eisen-Jack und schnappte sich Flos Hand. „Das scheint Spaß zu machen – lass uns mittanzen!"

Und schon bald tanzte auch er wild herum – wie ein richtiger Pirat.

Am nächsten Morgen krochen die Besatzung der *Salzigen Suse* und ihre Besucher früh aus den Federn. Nach einem herzhaften Frühstück mit Hering und Toast stand Käpten Ma an Deck und gab Befehle.

„Heute geht's auf Kaperfahrt!", bellte sie. „Woll'n doch den Landratten mal zeigen, was Piratenleben bedeutet – was? Also: Segel setzen, Besanschot an und Anker lichten! Der Beute entgegen!"

Bald darauf schoss die *Salzige Suse* übers Meer. Und zum ersten Mal fand Eisen-Jack Spaß daran, Flo, Mo und Jo zu zeigen, welche Taue gezogen und welche aufgewickelt werden mussten. Auch zeigte er ihnen eine Schatzkarte und darauf alle Inseln, auf denen sie Schätze vergraben hatten. Er war selbst überrascht, wie viel er über das Piratenleben wusste. Gerade zeigte er Flo, wie man einen Kreuzknoten knüpft, als ein Schrei aus dem Ausguck ertönte.

„Schiff ahoi!", schrie Dick. „Alle Mann an Backbord!"

„Wohin?", rief Flo. „Jack – welche Seite ist Backbord?"

„Ähm ...", stammelte Eisen-Jack und versuchte krampfhaft, sich zu erinnern.

„Links", zischte Käpten Ma gerade so laut, dass nur Jack es hören konnte.

„Links!", rief Jack laut und grinste seiner Mutter dankbar zu. „Backbord ist links, Steuerbord rechts. Da – siehst du das Schiff am Horizont?"

Pa feuerte einen Warnschuss gegen den Bug des nahenden Schiffes. Jack und seine Familie mochten eine raubeinige Piratenbande sein; die Besatzung des *Räudigen Roger* aber war wirklich gierig und gemein. Sie hatten schon oft Schätze der *Salzigen Suse* gestohlen.

„Okay, Kameraden", kündigte Käpten Ma an. „Es wird Zeit, unsere Schätze vom *Räudigen Roger* zurückzufordern." Obwohl die *Salzige Suse* ein eher kleines Schiff war, wussten die anderen, dass es hoffnungslos war, ihr entkommen zu wollen. Die *Salzige Suse* war das schnellste Schiff auf dem ganzen Ozean!

Es dauerte nicht lange, da hatte die *Salzige Suse* mit dem *Räudigen Roger* gleichgezogen. Ihre gesamte Besatzung stand aufgereiht an der Reling und bewarf die gegnerischen Piraten mit stinkenden, faulen Fischen. Eisen-Jack und Flo wetteiferten darin, den Piraten mit der riesigen Nase zu treffen.

„Das macht Spaß!", lachte Eisen-Jack, auch wenn er ständig danebenwarf.

„Bereitet euch darauf vor, geentert zu werden – ihr Seichtwasserplanscher!", schrie Käpten Ma und schwang an einem Tau der *Salzigen Suse* hinüber auf das andere Schiff. Der Rest der Piraten und ihre Besucher folgten ihr auf den Fersen.

Die Piraten des *Räudigen Roger* steckten von Kopf bis Fuß in stinkendem Fisch und warfen einen Blick auf die

Mannschaft der *Salzigen Suse*; dann streckten sie ihre Hände in die Luft.

„Wir ergeben uns", schrie der Mann, der wie ihr Kapitän aussah.

„Entschuldigen Sie – darf ich unseren Schatz bitte zurücknehmen?", fragte Eisen-Jack.

„He? Hm ... okay", sagte der Kapitän, zuckte mit den Schultern und stieß eine Schatzkiste mit in Jacks Richtung.

„Haben Sie schönen Dank", sagte Eisen-Jack. Dann blickte er sich um und wurde rot. Flo, Mo und Jo hatten hoffentlich nicht mitbekommen, wie verdammt peinlich höflich er gewesen war.

Doch Flo hatte es gehört.

„Cool", sagte sie. „Du bist ja ein echt ehrenhafter Pirat. Vielleicht solltest du besser Gentleman Jack heißen – statt Eisen-Jack!"

Eisen-Jack errötete aufs Neue, sagte aber nichts, während er seinen Brüdern half, den Schatz hinüber zur *Salzigen Suse* zu schleppen. Später jedoch kreisten seine Gedanken unaufhörlich um den neuen Namen „Gentleman Jack".

An diesem Abend veranstaltete Käpten Ma eine Party an Bord der *Salzigen Suse*, um die Rückerbeutung ihres Schatzes zu feiern. Alle waren so außer Rand und Band, dass sie bis zum Morgen tanzten und sangen. Eisen-Jack hatte noch nie so viel Spaß. Als die Sonne über der Rahe aufging, rief Käpten Ma alle Mann an Poopdeck.

„Hab euch was mitzuteilen", rief sie. „Heute haben wir unseren Schatz zurückerobert, den die Meute des *Räudigen Roger* gestohlen hatte. Berge von Reichtümern erwarten euch – auch dich, Eisen-Jack. Davon kannst du dir das große Haus kaufen, von dem du geträumt hast. Tante Sophie sagt, sie und ihre Töchter passen auf dich auf. Natürlich werden wir dich vermissen, aber du kannst deinen Traum verwirklichen, und wir wollen dir nicht im Weg stehen." Sie zog laut die Nase hoch und wischte eine dicke Träne von ihrer Wange.

Eisen-Jack wusste nicht, was er sagen sollte. Er blickte zu Ma, zu Pa und zu seinen Brüdern. Sein Blick wanderte über die *Salzige Suse.* Er sah hinüber zu Flo, Mo und Jo, die so gern Piraten sein wollten. Er dachte an den großen Spaß, den er heute mit Flo und den anderen gehabt hatte ... Dann dachte er an all die vergangenen Jahre und musste zugeben, dass ihm das Piratenleben eigentlich Spaß machte. Er hatte nur so lange von einem Leben an Land geträumt, dass er das alles gar nicht wahrgenommen hatte. Langsam breitete sich ein Lächeln auf seinem Gesicht aus.

„Danke – danke nein", erklärte er. „Ich habe meine Meinung geändert. Das *Piraten*leben ist mein Leben."

Käpten Ma lief zu ihm und schloss ihn in ihre Arme. „Da bin aber froh", rief sie. „Ohne dich wär's auf der *Salzigen Suse* nicht dasselbe!"

„Hört, hört", riefen alle und kamen näher, um Eisen-Jack nacheinander in die Arme zu schließen und ihm auf den Rücken zu klopfen.

„Ähm ... da ist nur eine klitzekleine Sache", sagte Eisen-Jack, als sich alle wieder beruhigt hatten.

„Schieß los", sagte Käpten Ma. „Willst du mehr Gold?"

„Nein", lachte Eisen-Jack. „Ich möchte, dass ihr mich von nun an Gentleman Jack nennt. Der Name passt viel besser zu mir, finde ich."

„Na klar!", sagte Ma. „Gentleman Jack passt zu dir wie die Faust aufs Auge!"

Und alle fanden, sie hatte recht!

Kluger Hund Snoopy!

Kai öffnete das Fenster und blickte durchs Fernglas. Die Sicht war phänomenal. Das Hotel, in dem er seine Sommerferien verbrachte, befand sich hoch oben auf einem Felsen, und er konnte kilometerweit sehen. Heute schien die Sonne, und so hatte er eine kristallklare Sicht auf die ganze Umgebung. Er erkannte die Farben der Liegestühle am Strand unterhalb des Hotels. Er sah die Wasserlachen auf den Felsen – dort, wo er und seine Schwester Krebse fingen. Und er beobachtete die Möwen, wie sie von den schwarzen Felsen aus, die links und rechts der Bucht ins Meer hinausragten, ins Wasser tauchten.

„Willst du auch mal durch das Fernglas sehen?", fragte er und drehte sich zu seiner Schwester Anna um.

Anna nahm das Fernglas entgegen. „Passt du so lange auf, dass Snoopy nicht aus dem Fenster springt?" Snoopy war ihr Hund; er war klein und quicklebendig – und genoss die Ferien mit den beiden Kindern.

„Komm her, Snoopy", sagte Kai und hob den kleinen Hund auf seinen Schoß; Anna lehnte sich auf den Fenstersims und blickte hinaus.

Kai und Anna kamen jedes Jahr in den Ferien hierher. Sie liebten den wilden Küstenstrich mit den hohen Klippen, den felsigen Landzungen und den kleinen Buchten. Überhaupt mochten sie das Meer und den Strand. Sie schwammen, sammelten Muscheln und bauten Sandburgen. Oder sie spielten „Piraten", eines ihrer Lieblingsspiele. Dann verbrachten sie Stunden damit, die Höhlen am Fuß der Klippen zu erkunden und dort nach vergrabenen Schätzen zu suchen.

„Gestern haben wir ein großes Loch in einer Höhle gefunden", erzählte Anna an diesem Morgen ihrer Mutter beim Frühstück. „Und Abdrücke, die aussahen, als ob jemand eine schwere Kiste mit Juwelen durch den Sand gezogen hätte", ergänzte Kai.

Ihre Eltern sahen einander schmunzelnd an. Das waren sie gewohnt. Ihre beiden Kinder dachten sich alle möglichen Spiele aus. Daher nickten sie nur und widmeten sich wieder ihrem Frühstück.

Anna sah wieder durch das Fernglas aus dem Fenster. „Kai", flüsterte sie, „da rudert ein komischer Mann in der Bucht herum."

„Was meinst du mit ‚komisch'?", fragte Kai.

„Er rudert andauernd im Kreis herum – als ob er etwas sucht", sagte Anna.

„Lass mal sehen", erwiderte Kai. Als er durchs Fernglas spähte, konnte er den Mann erkennen, wie er langsam die Bucht

durchquerte, danach
wendete und wieder
zurückruderte.

„Das ist
ganz sicher
ein Pirat, der
nach seinem
Schatz sucht",
sagte Anna.

„Piraten
rudern normalerweise nicht in kleinen
Booten herum – und das mitten am Tag",
antwortete Kai. „Wahrscheinlich hält er
Ausschau nach Fischen oder so. Komm,
bald gibt's Mittagessen – lass uns vorher
noch mit Snoopy rausgehen."

Nachmittags spielten die Kinder
wieder am Strand und vergaßen den Mann
im Boot. Doch am Abend, bevor sie ins Bett
gingen, blickte Kai noch einmal durch das
Fernglas. Da sah er ihn wieder! Es war
schon fast dunkel, und der Strand war leer.
Der Mann ruderte direkt ans Ufer und

sprang aus dem Boot. Dann hob er etwas, das aussah wie eine schwere Kiste, heraus und verschwand damit in einer der Höhlen.

„Oh Mann!", sagte Kai.

„Was ist los?", fragte Anna.

Kai erzählte ihr, was er gesehen hatte. „Also ist er wohl doch ein Pirat, und er schmuggelt einen Schatz."

„Lass mich mal sehen!", rief Anna aufgeregt.

„Moment mal ...", erwiderte Kai. „Er kommt zurück ... steigt ins Boot ... und rudert davon." Er senkte das Fernglas und sah seine Schwester bedeutungsvoll an. „Und er hat die Kiste nicht wieder mitgenommen!"

In diesem Augenblick rief ihre Mutter. „Es ist schon spät, ihr zwei. Legt das Fernglas weg; ihr könnt morgen weitermachen." Dann schaltete sie das Licht aus.

Am nächsten Morgen sprachen alle von einem Einbruch in einem Landhaus ganz in der Nähe des Hotels.

„Offenbar wurden sämtliche Schmuckstücke entwendet", sagte das Paar am
Nebentisch. „Einige davon sind so wertvoll,
dass sie in einem Safe gelagert und nie
getragen wurden."

„Familienerbstücke, nehme ich an",
sagte jemand anderes.

Kai und Anna sagten nichts – doch sie
dachten exakt dasselbe. War die Kiste, die
sie beide gesehen hatten und die in die
Höhle getragen wurde, voller gestohlener
Juwelen? War der Mann in dem Boot ein
Dieb? Sie konnten es nicht erwarten, das
herauszufinden.

Es war noch immer früh, als sie auf
dem Privatweg zum Strand hinunterliefen,
doch die Sonne wärmte bereits, und der
Tag versprach schön zu werden. Wie
immer rannte Snoopy den beiden Kindern
voraus, sprang in die auslaufenden Wellen
und jagte Möwen, die im Sand nach
Würmern Ausschau hielten.

Als sie zu den Höhlen kamen, zögerte

Anna plötzlich. „Was ist, wenn er noch da drin ist?"

„Kann nicht sein", erwiderte Kai „Ich habe ihn heute Nacht wegrudern sehen."

„Und wenn er zurückgekommen ist?", fragte Anna nun doch ein wenig ängstlich.

Während die Kinder miteinander sprachen, lief Snoopy voraus und in eine der Höhlen hinein. Plötzlich fing er an zu bellen.

„Komm schnell", rief Kai. „Snoopy hat etwas gefunden!"

In der Höhle war es kalt und dunkel; die Kinder konnten kaum etwas erkennen. Snoopys Gebell klang schrecklich laut, und als sie bei ihm waren, sahen sie, dass er angefangen hatte zu buddeln. Sand flog in alle Richtungen, und in dem Loch, das unter seinen scharrenden Pfoten sichtbar wurde, entdeckten die Kinder einen schwarzen, kantigen Gegenstand.

Kai kniete sich hin und strich darüber. „Oh Mann – eine Metallkiste!", rief er.

„Komm, lass uns gehen", sagte Anna.

Kai ruckelte noch immer an der Kiste; sie war groß und schwer. „Ich wette, die ist voller Juwelen aus dem Haus, in das eingebrochen wurde", sagte er. Er versuchte, sie zu öffnen, doch sie bewegte sich keinen Zentimeter.

„Wir sollten zurückgehen und Mama und Papa holen", meinte Anna. „Sie kriegen die Kiste bestimmt heraus."

Kai dachte einen Moment nach. Er wollte dieses Rätsel schrecklich gern selbst lösen, sah aber keinen Weg, wie sie die Kiste allein aus dem Sand heben sollten.

„Okay", gab er schließlich nach.

Ihre Eltern sahen einander an und

schmunzelten, als sie die Geschichte von dem Mann im Boot und der Schatzkiste im Sand hörten.

„Ist das wieder eins eurer Spielchen?", fragte ihre Mutter.

„Nein, bestimmt nicht!", versicherte Anna mit ernstem Gesicht. „Die Kiste und den Mann und das Boot gibt es – wirklich! Wir glauben, er ist ein Pirat."

„Ein Pirat!", grinste ihre Mutter. „Trug er vielleicht ein Ringel-T-Shirt?"

„Und am Boot flatterte die Totenkopffahne?", fragte ihr Vater scherzhaft.

„Es ist wahr!", rief Anna und sah aus, als wollte sie gleich weinen. „Die Kiste ist da. Snoopy hat sie gefunden. Kommt mit und seht selbst – *bitte*!"

„Meinetwegen", sagte ihre Mutter. „Heute Nachmittag gehen wir alle zusammen dorthin und sehen nach."

Als sie am Nachmittag zum Strand gingen, liefen die Kinder aufgeregt voraus. Sie konnten es nicht erwarten, dass die

Metallkiste geöffnet und die gestohlenen Juwelen gefunden wurden. Dann würden alle sie loben und erkennen, wie klug sie waren.

„Hier gibt es ja lauter Höhlen. Wisst ihr denn noch, welche es ist?", fragte ihr Vater.

„Ja, diese hier!", rief Kai ungeduldig und lief in die Höhle, dicht gefolgt von Anna und Snoopy. Doch die Kinder erwartete ein Schock.

Die Metallkiste war verschwunden! Und nicht nur das – das Loch, in dem sie zuvor gesteckt hatte, war vollständig wieder mit Sand gefüllt und sorgfältig geglättet worden.

Kai schüttelte ungläubig den Kopf. „Ich verstehe das nicht", murmelte er.

Sein Vater versuchte ihn zu trösten. „Vielleicht ist das die falsche Höhle, Kai", sagte er. „Sollen wir in den anderen nachsehen?"

Doch in den anderen Höhlen sah es

nicht anders aus – überall lag nur weicher, unberührter Sand. Anna fing an zu weinen.

„Wir haben uns das nicht ausgedacht", schluchzte sie, „ehrlich nicht!"

„Kommt, wir gehen zurück und vergessen die ganze Sache", schlug ihre Mutter vor. „Und wir machen eine Bootsfahrt. Das wird euch ablenken."

Doch nicht einmal die Aussicht auf eine Bootsfahrt zu einer Insel ließ Kai seine Gedanken vergessen. Er wusste genau, dass er sich nichts eingebildet hatte. Er sah noch immer die schwarze Kiste vor sich aus dem Sand ragen und fühlte die kalten, scharfen Kanten an seinen Fingerspitzen.

Niedergeschlagen drehte er sich um und folgte seinen Eltern aus der Höhle heraus und den Strand entlang.

Snoopy rannte wie immer weit voraus und versuchte, die Möwen zu erwischen, die so töricht waren, ihn nicht kommen zu sehen. Dann schoss er hinter eine Gruppe von Felsen, und Kai hörte ihn bellen.

„Komm hierher", rief Kai, „hierher, Snoopy!"

Einen Moment lang war es still; dann kam Snoopy hinter den Felsen hervor und rannte mit aufgeregt wedelndem Schwanz auf Kai, Anna und ihre Eltern zu. Sie sahen etwas aus seinem Maul hängen, das glänzende und im Sonnenlicht golden schimmerte.

Snoopy ließ den Gegenstand vor Kais Füßen fallen. Kai bückte sich – und ein Lächeln breitete sich auf seinem Gesicht aus. Es war ein goldenes Armband!

„Gut gemacht, Snoopy!", rief Anna.

Bevor sie ihn daran hindern konnten, rannte Snoopy erneut hinter die Felsen und kam kurz darauf wieder. Diesmal zog er etwas im Sand hinter sich her; es glühte rot wie Kohlen im Feuer.

Das war eine wunderschöne Kette aus leuchtenden Rubinen.

Während der nächsten halben Stunde folgte die Familie ihrem Hund am Strand überallhin, wo er lauter kleine Gold- und Silberschmuckstücke aus dem Sand holte.

„Der Dieb muss zurückgekommen sein, um die Kiste zu holen, und den Schmuck verloren haben, als er versuchte zu fliehen", rief Kai außer sich vor Aufregung.

„Ich glaube, du hast recht", sagte sein Vater. „Ich rufe die Polizei."

Die Polizei identifizierte die Schmuckstücke als diejenigen, die bei dem Einbruch gestohlen worden waren. Und am Abend startete sie eine Operation, um den Dieb zu fassen: Die Beamten versteckten sich in den Höhlen – in der Hoffnung, dass der Mann wiederkäme und die verlorenen Juwelen suchte. Kai, Anna und ihre Eltern blieben im Hotel und wechselten sich bei der Beobachtung der Ereignisse durch das Fernglas ab.

Obwohl es mitten in der Nacht war, schien der Mond hell. Anna war die Erste, die das Ruderboot um die Landzunge biegen sah. „Da ist er!", flüsterte sie. „Das ist er!"

Der Mann zog das Boot auf den festen Sand und ging – ohne zu ahnen, was ihn erwartete – den verlassenen Strand entlang auf die Höhlen zu. Die Kinder sahen das Licht seiner Taschenlampe, kurz bevor es in der Höhle verschwand.

Eine Weile lang war nichts zu sehen und nichts zu hören. Kai und Anna konnten ihre Aufregung kaum zurückhalten. Plötzlich passierte alles auf einmal: Helle Scheinwerfer flammten am Eingang der Höhle auf, Silhouetten huschten über den Strand, und noch mehr Polizeibeamte rannten in die Höhle. Dann war Lärm und Geschrei zu hören. Ein Polizist brüllte, der

Mann sei verhaftet. Kai wollte hinunter zum Strand laufen und mehr sehen; doch seine Eltern erlaubten es ihm nicht.

Vom Hotelfenster aus beobachteten sie, wie der Mann – die Hände mit Handschellen auf dem Rücken gefesselt – aus der Höhle trat und abgeführt wurde. In seinem Boot fand die Polizei die schwarze Metallkiste mit den restlichen Juwelen.

Am nächsten Tag kam ein Polizist in das Hotel, um die Kinder einem Reporter der örtlichen Tageszeitung vorzustellen. Der Reporter machte Fotos und wollte eine Geschichte über die Aufklärung des Diebstahls schreiben.

„Siehst du – wir haben uns überhaupt nichts ausgedacht", freute sich Anna.

„Das werde ich nie wieder behaupten", lächelte ihre Mutter und sah stolz dabei zu, wie der Polizist erst Anna und dann Kai dankte.

„Aber der wahre Held ist Snoopy", erklärte Kai dem Reporter. „Zuerst glaubte

uns niemand. Ohne ihn wären die Juwelen vielleicht nie gefunden worden, und der Dieb wäre entwischt. Snoopy ist wirklich ein kluger Hund!" Dem stimmten alle zu.

Snoopys besondere Belohnung bestand aus einem dicken, roten Ball; mit dem spielten er und die Kinder während der restlichen Ferien am Strand. Snoopy jagte so gern dem Ball hinterher, dass er die Möwen völlig vergaß.

Und die Kinder hielten weiterhin nach goldenen und glitzernden Juwelen Ausschau ...

Die Zauberpfützen

„Nein, danke", erwiderte seine Mutter und tauchte den Pinsel aufs Neue in die gelbe Farbe.

„Darf ich dann raus, in den Park?", fragte Tim.

Tims Mutter sah aus dem Fenster. „Noch nicht", antwortete sie. „Es regnet immer noch."

Tim ging zu seinem Vater. „Darf ich beim Wändestreichen helfen?"

„Nein", sagte sein Vater. „Huch – pass auf! Beinahe wärst du in die Farbwanne getreten."

Tims Mutter stöhnte leise. „Tut mir leid, Tim, aber das Anstreichen ist nicht so einfach. Weißt du was? Warum malst du mit den Farbresten nicht ein Bild?"

Tim gefiel die Idee. Er schnappte sich zwei Farbdosen – Grün und Orange – und eilte in die Küche.

„Mach aber keinen Dreck", rief seine Mutter hinter ihm her.

„Warum denken immer alle, ich würde alles schmutzig machen und durcheinanderbringen?", brummte Tim vor sich hin.

„Weil es so ist", sagte seine Schwester Tina, als sie an ihm vorbeiging. Sie war in der Küche gewesen, doch jetzt, wo Tim mit den schmierigen Farbdosen hereinkam, verzog sie sich lieber.

Tim zuckte nur mit den Schultern und suchte einen Pinsel. Als Nächstes brauchte er ein Blatt Papier. Er sah überall nach, fand aber keins. Dann ließ er sich auf einen Küchenstuhl fallen, verschränkte die Arme über der Brust und stöhnte: „Ohne Papier kann ich nicht malen!"

Tim dachte daran, den Küchenschrank anzumalen oder die Holzstühle ... oder die Küchenwände. Aber er wusste:

Damit würde er sich nicht beliebt machen. Dann hatte er plötzlich eine Idee. „Ich weiß, was ich anmale!", rief er.

Nach einer halben Stunde waren Tims Stiefel rundherum orange angemalt – mit leuchtend grünen Sternen obendrauf. Damit die Farbe trocknete, stellte er sie vor die Heizung; dann nahm er sich Tinas Stiefel vor.

„Sie wird dieselben Stiefel haben wollen wie ich", nahm er an und begann mit seiner Arbeit. Doch dem war überhaupt nicht so.

„Was machst du da?", schrie Tina, als sie in die Küche kam. Sie schnappte ihre frisch bemalten Stiefel und rannte zu ihrer Mutter.

„Mama, sieh mal, was Tim gemacht hat!", beschwerte sie sich.

Ihre Mutter seufzte und blickte aus dem Fenster. „Es hat aufgehört zu regnen. Kannst du nicht mit Tim in den Park gehen? Das wird ihn davor bewahren, weiteres Unheil anzurichten. Vielleicht löst sich auch die Farbe in den Regenpfützen auf."

Widerwillig verließ Tina mit Tim an der Hand das Haus und ging mit ihm in den Park. Dort stapfte sie in alle Pfützen, die sie nur fand.

„Die scheußliche Farbe geht gar nicht ab", nörgelte sie.

Tim lief hinter ihr her und sagte kein Wort. Er wusste: Alles, was er sagte, würde seine Schwester nur noch mürrischer machen.

Tina stapfte in eine weitere Pfütze ... als etwas wirklich Merkwürdiges geschah:

Erst war ein lautes Platschen zu hören – und dann war Tina plötzlich verschwunden! Da war nichts, außer dem Wasser, das sich leicht kräuselte.

Tim stand da mit offenem Mund. Er blickte wild um sich. „Tina!", rief er immer wieder. Keine Antwort.

Mit finsterer Miene betrachtete Tim die Pfütze, in der er Tina zuletzt hatte stehen sehen. Dann tippte auch er mit der Zehenspitze seines Stiefels hinein. Sein orangefarbener Stiefel glitt tiefer und tiefer ins Wasser. Tim schluckte. Wo war der Boden der Pfütze? Sein Stiefel glitt tiefer hinab ... und plötzlich verlor Tim den Halt. PLATSCH!

Tiefer und tiefer glitt er – und die Pfütze wurde ebenfalls immer tiefer. Tim war, als hätte ihn jemand ins tiefe Wasser eines Swimmingpools geworfen. Er konnte kaum noch seinen Atem anhalten – seine Lungen schienen zu bersten. Doch dann war das Wasser plötzlich verschwunden, und Tim konnte wieder atmen.

Er stand wieder in einer Pfütze – doch diesmal waren die Häuser und der Bürgersteig verschwunden. Stattdessen sah Tim um sich herum nur Wald. Er hatte keine Ahnung, wo er war. Und noch etwas war merkwürdig: Abgesehen von den nassen Füßen in seinen Stiefeln war er vollkommen trocken! Wie war das möglich? Träumte er? Tim zwickte sich. Aber er wachte nicht auf.

„Ti-na – wo bist du?", rief er mit zitternder Stimme.

„Tut mir leid, sie lief weg, bevor ich mit ihr reden konnte", donnerte eine Stimme hinter ihm.

Tim fuhr herum. Hinter ihm stand ein winziges altes Männchen in einem orangefarbenen Umhang, auf dem lauter grüne Sterne prangten. Unter dem Umhang lugten orange Stiefel mit grünen Sternen darauf hervor – sie sahen aus wie Tims eigene.

„Ich bin Zauberer Platsch", sagte das Männchen und schüttelte Tims Hand.

Tim öffnete seinen Mund, um zu sprechen; doch was herauskam, war nur ein ängstliches Quieken.

„Ah, du stehst noch unter Schock", sagte Zauberer Platsch freundlich. „Wahrscheinlich hast du nicht gewusst, was passiert, wenn du mit orangefarbenen Stiefeln und grünen Sternen darauf in eine Zauberpfütze trittst."

„Eine Zauberpfütze?", quiekte Tim.

Der Zauberer schmunzelte. „Das ist unsere Art der Fortbewegung. Wir stellen uns in eine Zauberpfütze, und sie bringt uns zu einer anderen Zauberpfütze. Das ist viel effektiver als Autos und Flugzeuge – und es belastet die Umwelt nicht."

Tim nickte, als hätte er verstanden. Hatte er aber nicht.

„Nun sag du mir mal", sagte Zauberer Platsch, „weiß die junge Dame, die als Erste kam, wie man mit Zauberpfützen umgeht?"

Tim schüttelte den Kopf. „Das war meine Schwester Tina", sagte er und versuchte, nicht mehr wie eine Maus zu klingen. „Und ich heiße Tim. Ich habe die Stiefel angemalt; aber ich wusste nicht, dass ich das nicht durfte."

Zauberer Platsch klopfte Tim freundschaftlich auf den Arm.

„Es passiert auch nichts, wenn wir Tina rechtzeitig einholen. Jetzt aber dürfen wir keine Zeit verlieren. Wir müssen ihr folgen, damit ich euch beide wieder nach Hause schicken kann."

„Wo ist sie denn hingegangen?", fragte Tim und blickte um sich. Doch alles, was er sah, waren Bäume und Pfützen. Und die sahen eher modrig aus als magisch.

„Nur einige der

Pfützen wirken magisch", erklärte Zauberer Platsch. „Tina ist wahrscheinlich in eine andere Zauberpfütze getreten. Aber mach dir keine Sorgen. Ich muss nur schnell einen kleinen Zaubervers singen, dann finden wir sie schon."

Tim merkte, wie er nickte. Alles war so seltsam – da konnte er auch gleich mitmachen. Außerdem: Was sollte er sonst tun? Er hatte sowieso das miese Gefühl, dass er an alldem schuld war.

Zauberer Platsch nahm Tims Hand und sang einen Vers:

„Plitsch, platsch, Zauberreim,
neue Pfütze – schnell hinein!"

Plötzlich begann eine der Pfützen orange zu leuchten, und grüne Sterne glitzerten obendrauf.

„Das ist die nächste Zauberpfütze", erklärte der Zauberer. „Ich hoffe, das ist die, in die deine Schwester getreten ist." Er sauste hinüber und sprang in die schillernde Pfütze – und Tim hinterher.

PLATSCH!

Diesmal wusste Tim, was passierte; deshalb hatte er keine Angst vor dem eigenartigen Gefühl, in tiefes Wasser zu fallen.

Sie kamen auf einer riesigen grauen Asphaltbahn heraus – mit Hunderten von Pfützen. Und wieder war Tim gar nicht nass, außer dem bisschen Wasser in seinen Stiefeln; dafür dröhnte über ihm ein Höllenlärm. Tim hielt sich die Ohren zu und blickte nach oben.

Ein riesiges Flugzeug setzte gerade zur Landung auf dem Flughafen an – und sie standen mitten auf der Landebahn! Der Zauberer schrie:

„Plitsch, platsch, Zauberreim,
neue Pfütze – schnell hinein!"

In einiger Entfernung glitzerte eine Pfütze orange und grün auf. Sie rannten los. Tim war noch nie so schnell gelaufen. Sein Kopf schien beinahe zu zerspringen von all dem Fluglärm, der in seinem Schädel hämmerte.

Zusammen sprangen sie in die Pfütze; und der ohrenbetäubende Lärm hörte schlagartig auf.

Plötzlich war alles ganz still und leise – und sehr, sehr dunkel. Diesmal konnten sie überhaupt nichts sehen. Absolut nichts. Tim wedelte mit der Hand vor seinem Gesicht herum. Nicht ein Hauch der Bewegung war zu erkennen.

„Wir sind wahrscheinlich tief unten in einer Höhle", sagte eine Stimme aus dem Dunkeln heraus.

„Aber Höhlen haben doch keine Pfützen", erwiderte Tim besorgt.

„Hör mal", flüsterte Zauberer Platsch. „Hörst du das Tropfen? Hier kommt Wasser hinein, wenn es draußen regnet. Dann gibt es auch hier überall Pfützen; wir können sie nur nicht sehen."

„Tiii-na! Bist du da-ha?", rief Tim.

„Tiii-na! Bist du da-ha?", warf das Echo zurück.

Tim rief noch einmal, lauter. Das Echo antwortete, auch etwas lauter. Aber keine echte Stimme. Tim begann sich zu fürchten.

In der Dunkelheit fühlte er die Hand des Zauberers. Dann hörte er den bekannten Gesang:

„Plitsch, platsch, Zauberreim,
neue Pfütze – schnell hinein!"

Da – vor ihren Füßen – blendete eine glänzende, orange-grüne Pfütze ihre Augen. Sie sprangen hinein.

PLATSCH!

Und heraus kamen sie in gleißendem Sonnenlicht. Vor ihnen breitete sich ein klarer blauer Himmel aus, ringsum Felsen, bunte Blumen – und Sand, Sand, Sand.

„Wo sind wir denn jetzt?", fragte Tim.

Doch bevor der Zauberer antworten konnte, schrie Tim auf einmal:

„Tina!"

Auf einem hohen Felsen stand ein Mädchen, das ziemlich verloren aussah. Es war Tina.

„Tim!", flüsterte eine heisere Stimme. Tina kam auf ihren Bruder zugerannt. Die beiden fielen einander in die Arme, und Tim hörte die leisen Schluchzer seiner Schwester.

„Du musst dich ganz schön erschreckt haben", sagte eine Stimme.

Tina drehte sich ruckartig um und bemerkte erst jetzt den Zauberer.

„W-w-was ...?", begann sie stotternd.

„Setz dich", sagte Zauberer Platsch beruhigend. „Ich erkläre dir erst einmal, was Zauberpfützen sind."

„Tut mir wirklich leid – das Ganze ist meine Schuld. Ich habe unsere Stiefel orange und grün angemalt, und das hat die Zauberpfützen in Gang gesetzt", sagte Tim.

„Das ist mir egal", sagte Tina, nachdem sie Zauberer Platsch zugehört hatte.

Der Zauberer tätschelte Tims Arm.

„Jedenfalls entdeckt nicht jeden Tag ein Kind die Zauberwelt. Jetzt müssen wir nur noch eine weitere Zauberpfütze finden", sagte er und blickte sich um. „Wenn ihr euch dort hineinstellt und eure Stiefel in die Hand nehmt, werdet ihr zur ersten Pfütze von heute Morgen zurücktransportiert." Dann begann er zu singen:

„Plitsch, platsch, Zauberreim,
neue Pfütze – schnell hinein!"

Alle drei blickten um sich.

„Wir sind in der Wüste", sagte Tim. „Und in Wüsten gibt es selten Regen – und Pfützen."

„Müssen wir jetzt etwa für immer hierbleiben?", jammerte Tina verzweifelt.

„Aber nein", versicherte der Zauberer. „Manchmal regnet es auch hier; schließlich sind wir in einer Pfütze hierhergekommen ..." Er suchte die Umgebung ab und machte plötzlich ein langes Gesicht.

Die drei sahen sich nach der Pfütze um, in der sie hergekommen waren, doch sie war unter der sengenden Sonne schon verdunstet.

„Ich bin sicher", murmelte Zauberer Platsch, „wir werden irgendwo eine Zauberpfütze finden."

Tim kletterte auf einen Felsen. Der Zauberer sang noch einmal den Zauber-

vers, und Tim starrte in die Wüste hinaus.
Er blinzelte in die Ferne. Einen Moment

lang glaubte er, einen Schimmer Orange zu
entdecken; doch es war nur ein Busch mit
ein paar orangefarbenen Blüten.

„Wir werden wohl weitersuchen müssen", sagte der Zauberer und wischte sich
den Schweiß von der Stirn.

Als Tim vom Felsen heruntersprang,
schwappte in seinen Stiefeln das Wasser.
Er blieb wie angewurzelt stehen. „Ich habe
eine Idee", grinste er.

„Hoffentlich eine gute", murmelte Tina, die allmählich schrecklichen Durst hatte.

„In meinen Stiefeln ist noch Wasser aus den Zauberpfützen. Vielleicht haben wir zusammen in unseren Stiefeln genug Wasser ... Wenn wir das ausschütten, kriegen wir dann eine neue Zauberpfütze?"

„Natürlich!", rief der Zauberer und klatschte vor Begeisterung in die Hände.

„Aber erst müssen wir einen richtigen Platz für die Pfütze finden", erklärte Tim.

Sie suchten nach einer geeigneten Stelle im Boden. Schließlich fand Tim eine Felsmulde, die gerade groß genug war, dass alle drei darin stehen konnten.

Vorsichtig schütteten sie das Pfützenwasser aus ihren Stiefeln in die Mulde.

„Sieht nicht so aus, als würde das Wasser ausreichen", sagte Tina.

Zauberer Platsch wrang seine Socken aus, das ergab noch ein paar Tropfen mehr. „Das muss genügen. Jetzt stellt euch hinein, bevor das Wasser in der Sonne verdunstet."

Tim, Tina und der Zauberer standen in der Pfütze – mit ihren Stiefeln und feuchten Socken in den Händen. Tim wünschte sich sehnlichst, sein Plan würde aufgehen. Er vermisste sogar den Regen zu Hause. Dann schloss er die Augen und wartete auf Zauberer Platschs Gesang:

„Plitsch, platsch, plitsch,
bring uns nach Hause wie der Blitz!"

Als Tim seine Augen wieder öffnete, stand er mit Tina in einer ganz normalen Pfütze – und zwar in ihrem Park! Zauberer Platsch war nicht mehr da. Sie waren barfuß und hielten ihre Stiefel und Socken noch in den Händen.

„Was war das gerade?", fragte Tina verwirrt.

„Wir sind in einer Zauberpfütze umhergereist. Und ein Zauberer ...", antwortete Tim.

Tina nickte; dann schüttelte sie den

Kopf, als wollte sie einen seltsamen Traum loswerden. „Komm, lass uns nach Hause gehen."

Am Nachmittag schrubbte Tina ihre Stiefel gründlich sauber. Tim ließ seine, wie sie waren, zuckte mit den Schultern und grinste: „Falls mir mal langweilig wird …"

„Aber sei vorsichtig", meinte Tina und erwähnte die Zauberpfützen nie wieder.

Anja und die alten Ägypter

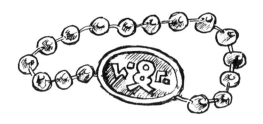

„Was für ein komischer Laden",
dachte Anja und presste ihre Nase
gegen die Schaufensterscheibe.
Durch die von Spinnweben verhangene
Scheibe konnte sie kaum etwas sehen. „Ich
geh einfach rein", sagte sie sich. Es durfte
nur nicht zu lange dauern, denn Anja sollte
pünktlich zur Kaffeezeit zu Hause sein. Sie
drückte die knarzende Türklinke herunter.
Ein Glocke ertönte, als sie den schummrigen
Verkaufsraum betrat. Aus dem Schatten
kam ein alter Mann auf sie zu.

„Kann ich dir helfen?", fragte er und
sah Anja durch seine in einen schmalen
Metallrahmen gefasste Brille forschend an.
„Ein bestimmter Wunsch?"

Anja bestaunte die Stapel angeschlagenen Porzellans und jede Menge verstaubter Schmuckstücke. Sie hoffte, etwas zu finden, das ihr bei einer Schulaufgabe, die sich um die alten Ägypter drehte, helfen konnte. Die Lehrerin hatte die Klasse gebeten, einen Aufsatz darüber zu schreiben; und bisher hatte Anja noch keinen Anfang gefunden.

Ihr Blick fiel auf eine Kette mit dicken braunen Perlen; sie sah ein bisschen ägyptisch aus. „Diese alte Kette gefällt mir", sagte Anja.

„Das", erwiderte der alte Mann, „ist nicht irgendeine alte Kette – sondern ein Erbstück. Hat meinem Vater gehört. Der hat sie von einer seiner Reisen mitgebracht. War ein berühmter Archäologe, mein Vater ..."

„Warum verkaufen Sie sie dann?", fragte Anja verwundert.

Der alte Mann kniff die Augen zusammen. „Ach, diese Kette hat nur Ärger gebracht", sagte er und fuhr hastig fort, „wenn man so sagen kann ... aber das ist lange, lange her."

Anja ließ die dicken Perlen durch ihre Finger gleiten. Sie waren abgenutzt und knubbelig. In der Mitte der Kette saß eine ovale Platte mit Zeichen, die wie eine Schrift aussahen. „Genau, was ich suche. Ich nehme sie!", rief Anja und gab dem alten Mann die Münzen aus ihrer Tasche.

Kurz darauf hüpfte sie die Straße entlang und dachte über ihren Aufsatz nach. Es war Einkaufszeit, und Anja suchte sich im Zickzack einen Weg durch die vielen Menschen – vorbei an einem Straßenmusiker, der auf einer Blechflöte spielte. Sie sah auf die Uhr. Sie würde bestimmt rechtzeitig zum Kaffee zu Hause sein.

In diesem Augenblick entdeckte sie etwas Wunderbares: eine Frau, die ein altägyptisches Gewand trug und von oben bis unten golden angesprüht war. Anja blickte sie fasziniert an. Die Frau stand regungslos vor einer Pyramide aus Pappe, die hinter ihr an einen Baum gelehnt war. Sie sah aus wie die Wächterin der Pyramide.

Passanten gingen an ihr vorbei, und wenn jemand eine Münze in den Teller warf, hob sie die Arme und vollführte einen kurzen Tanz. Sobald der Passant vorüberge- gangen war, hielt sie in der Bewegung inne und blieb erneut regungslos stehen.

Anja war wie verzaubert. Sie suchte in ihrer Tasche nach dem Kleingeld, das der alte Mann ihr zurückgegeben hatte, bückte sich und warf es in den Teller.

Doch anstatt die Arme zu heben und zu tanzen, beugte sich die Ägypterin plötz- lich nach vorn und griff nach Anjas Kette.

„Diebin! Du hast das heilige Amulett des Pharaos gestohlen!", schrie sie. Anja versuchte, einen Schritt rückwärtszugehen, doch die Ägypterin hielt die Kette fest und zog Anja bereits in Richtung Eingang der Papppyramide mit sich.

„Das soll der Pharao erfahren!", rief die goldene Ägypterin laut. Anja wusste nicht, was sie tun sollte. Sie versuchte sich loszumachen und schrie um Hilfe; doch die Ägypterin und sie schienen für die Passanten unsichtbar zu sein.

Mit ihren goldenen Fingern versuchte die Frau, Anjas Griff um die Perlenkette zu lösen. Dann schob sie Anja durch das Tor der Pyramide hindurch ... in einen stickigen und dunklen schmalen Gang.

„Hilfe!", schrie sie, doch ihre Stimme verebbte im Nichts. „Ich muss wegrennen", dachte sie. Mit aller Kraft befreite sie sich aus dem Griff der goldenen Ägypterin und rannte den Gang entlang; dabei hielt sie mit einer Hand die Perlenkette fest. Sie lief an einer Fackel vorbei, die auf einem Sims über ihrem Kopf brannte; in ihrem Lichtschein erkannte Anja, dass die Wände über und über mit Hieroglyphen bedeckt waren.

Sie rannte weiter und weiter, bis sie sah, dass sie direkt auf einen Mann zulief, der genauso gekleidet war wie die Frau hinter ihr.

„Oh nein!", sagte Anja laut. Zu ihrer Überraschung drückte sich der Mann flach an die Wand, um sie vorbeizulassen; anschließend sprang er nach vorn und versperrte Anjas Verfolgerin den Weg.

„Halt!", hörte Anja ihn brüllen. „Niemand außer der Königsfamilie darf diese Schwelle übertreten!"

„Warum hat er mich nicht aufgehalten?", fragte sich Anja verwundert. Noch immer hielt sie mit einer Hand die Perlenkette an ihrem Hals fest; sie blickte nach unten, um sich zu vergewissern, dass sie noch heil war. Zu ihrem Erstaunen sah sie, dass sie nicht mehr ihr T-Shirt und ihre Jeans trug – sondern ein weißes, mit Goldfäden durchwirktes und ärmelloses

Gewand, das bis auf den Boden reichte. An ihrem Arm spürte sie das Gewicht eines mit Edelsteinen besetzten Armreifs. Sie war wie eine ägyptische Prinzessin gekleidet!

Schließlich gelangte sie zum Eingang eines prächtigen Saals. Fackeln erleuchteten die bemalten Wände. Anja erkannte Szenen aus dem Leben der alten Ägypter, wie sie sie in der Schule kennengelernt hatte.

In der Luft hingen schwere, duftende Räucherwerkschwaden – und am anderen Ende des Saals sah sie den Pharao auf einem goldenen Thron sitzen! Glücklicherweise lauschte er einem seiner Höflinge und bemerkte Anja nicht; schnell versteckte sie sich hinter einer vergoldeten Liege.

Langsam gewann sie ihren Atem wieder; da hörte sie ganz nah an ihrem Ohr ein „Pssst!". Ein Junge in ihrem Alter saß direkt neben ihr; er trug eine weiße Tunika und einen breiten Metallreif um den Hals. Staunend starrte er auf Anjas Perlenkette. Bevor Anja etwas sagen konnte, presste er einen Finger auf die Lippen. „Pssst! Bewegt Euch nicht, sonst sind wir verloren, Prinzessin!", flüsterte er.

„Prinzessin? Wer bist du?", fragte Anja lautlos zurück.

„Ich bin Tut, Diener des Pharaos. Er darf mich jetzt nicht sehen – und Euch erst recht nicht! Folgt mir, oder sie werden Euch finden!" Als er Anjas ängstlichen Blick sah, fügte er hinzu: „Ich verspreche, Euch nichts zu tun."

Auf dem Bauch kroch Tut unter der Liege hindurch auf eine Öffnung in der Wand zu, durch die Anja in der Ferne

Palmen und das silbrig glänzende Wasser eines Flusses erkennen konnte. „Das muss der Nil sein", dachte sie.

Anja folgte Tut, und so fand sie sich unter der heißen ägyptischen Sonne wieder.

„Hier können wir uns verstecken", sagte Tut und rannte hinter eine mächtige Säule; sie war mit lauter Hieroglyphen verziert und endete in der Form einer Lotusblüte. „Als ich Euch sah, Prinzessin, wusste ich sofort, dass Ihr das Königsamulett tragt."

„Königsamulett?", fragte Anja. „Ich verstehe nicht ..."

Tut zeigte auf die Kette um ihren Hals. „Diese Kette gehört dem Pharao!", sagte er. „Er hat sie stets getragen – doch eines Tages verlor er sie. Eine hohe Belohnung winkt dem, der sie findet und ihm zurückbringt, denn es ist eine ganz besondere Perlenkette!"

„Deshalb also hat die Frau mich verfolgt", dachte Anja. Dann fragte sie: „Was ist so besonders daran?"

„Die Zeichen auf dem Amulett bergen ein Rätsel", sagte Tut. „Und sobald das Rätsel gelöst ist, führt das Amulett den Träger der Kette zu einer geheimen Tür, die in die Welt hinter dem Himmel führt. Der Pharao hatte die besten Köpfe des Landes damit beauftragt, das Rätsel zu lösen – bis er eines Tages das Amulett verlor. Deshalb will er es unbedingt zurückhaben ... und jeder, der Euch damit sieht, wird versuchen, es Euch wegzunehmen."

„Was soll ich denn jetzt tun?", jammerte Anja. „Ich will nach Hause!"

„Wenn Ihr mir das Amulett gebt", sagte Tut, „helfe ich Euch, die Welt hinter dem Himmel zu finden."

Anja wusste nicht, ob sie Tut trauen konnte. Doch hatte sie eine Wahl? Außerdem: Vielleicht war die Welt hinter dem Himmel ja die einzige Möglichkeit, wieder nach Hause zu gelangen. Vielleicht war sie der Fluchtweg aus dem alten Ägypten ... Einen Versuch war es auf jeden Fall wert.

Anja nahm die Perlenkette ab und gab sie Tut. Er ließ die Perlen durch seine Finger gleiten – genau so, wie Anja es in dem Laden getan hatte. Und plötzlich begriff sie: Der Vater des alten Laden-besitzers musste der Archäologe gewesen sein, der die Kette aus Ägypten mitgebracht hatte. Und der Pharao versuchte seither, sie wiederzufinden!

„Wir müssen uns beeilen", sagte Tut. „Der Pharao lässt überall nach dem Amulett suchen. Andere, die die Kette vor ihm trugen, haben das Rätsel bereits gelöst – und ich glaube, ich kann es auch." Tut zog ein Stück Papier aus einer versteckten Tasche in seiner Tunika hervor und fuhr fort: „Das habe ich im Thronsaal des Pharaos gefunden. Ich vermute, es ist ein Code."

Jemand hatte mit Kugelschreiber etwas auf das linierte Papier geschrieben. Anja wusste, dass die alten Ägypter Papyrus und Tinte benutzt hatten – aber doch nicht Papier und Kuli!

Sie betrachtete das zerknitterte Stück Papier genauer. In der obersten Zeile standen einige Hieroglyphen,

darunter hatte jemand die Übersetzung in sauberer Handschrift geschrieben:

Willst du die Welt
hinter dem Himmel finden,
musst du den Nil dort,
wo er trocken ist,
ergründen.

Jetzt verstand sie: Der Archäologe hatte das Amulett gefunden und die Zeichen darauf entziffert und übersetzt. Wenn sie doch nur das Rätsel lösen konnte!

„Das ist doch albern", sagte sie. „Wie kann denn der Nil trocken sein?"

„Kommt mit – ich habe eine Idee!", sagte Tut und lief in Richtung Wasser. Und bald standen sie am Ufer des Nils.

„Seht!", flüsterte Tut und starrte direkt vor sich in den Fluss. „Wir sehen unser Spiegelbild im Wasser – und sind selbst trotzdem trocken, nicht wahr? Das ist bestimmt der Weg zur Lösung des Rätsels!"

Und so gingen Anja und Tut weiter am Nilufer entlang und passten auf, dass sie nicht in den Fluss fielen. Dann und wann hielten sie an und betrachteten ihre Spiegelbilder im Wasser. Schließlich entdeckten sie in den leichten Wellen etwas Glitzerndes.

Anja blickte nach oben und sah an einem Palmwedel, der übers Wasser hinausragte, einen goldenen Schlüssel hängen. Tut sprang vor Aufregung im Kreis herum.

„Das ist die Lösung!", flüsterte er.

„Bist du sicher?", fragte Anja leise.

„Ja, ich spüre, wie das Amulett mich anzieht ... Die Geheimtür muss dort sein!" Tut griff nach Anjas Hand und führte sie vom Ufer weg über den Sand in Richtung der Pyramiden.

Das Amulett führte die beiden in den Schatten dicht neben einer Pyramide. Tut tastete nun die Steine vor ihm ab und versuchte, an einem von ihnen zu ziehen. „Welcher ist es bloß ...?", murmelte er vor sich hin.

Endlich gab einer der Steine nach. Anja konnte in der Öffnung hinter dem Stein eine Tür erkennen: eine Geheimtür! Tuts Finger zitterten, als er den goldenen Schlüssel ins Schloss steckte.

„Passt!", rief er und drehte ihn vorsichtig um. Klick! Tut drückte seine

Schulter fest gegen die Steine und schob ...
Die Geheimtür öffnete sich nach innen,
und die beiden purzelten in die Pyramide
hinein.

„Ihr müsst ab jetzt allein weitergehen,
Prinzessin", sagte Tut. „Beeilt Euch und
lauft nach ganz oben in die Spitze der
Pyramide!"

„Kommst du nicht mit?", fragte Anja.

„Nein – mein Platz ist hier", erwiderte
Tut. „Ich muss zurück und dem Pharao das
Amulett bringen. Alles Gute – und viel
Glück in der Welt hinter dem Himmel!"
Dann drehte er sich um und verschwand.

Anja zitterte. Im Innern der Pyramide
war es dunkel und gruselig. Ohne Tut
fühlte sie sich einsam und verloren. Würde
man sie zu Hause schon vermissen?

Anja begann zu laufen. Sie lief höher
und höher hinauf. „Ich muss nach Hause!",
dachte sie und rannte immer schneller.

Dann nahm sie in der Ferne ein Licht
wahr und lief darauf zu. Der Himmel

leuchtete ihr durch eine Öffnung in der Pyramidenspitze entgegen. Als sie oben ankam, schloss sie die Augen ganz fest und sprang mit aller Kraft hinaus.

Als sie die Augen wieder öffnete, stand sie auf dem Bürgersteig der Einkaufsstraße vor der Pyramide aus Pappe. Ihr ägyptisches Gewand war verschwunden, und sie trug wieder T-Shirt und Jeans. Sie griff nach der Perlenkette um ihren Hals. Doch

dann erinnerte sie sich, dass sie die Kette Tut gegeben hatte, der sie dorthin zurückbrachte, wohin sie gehörte.

Anja blickte auf ihre Uhr. Seit sie zuletzt hier gestanden hatte, war keine Minute vergangen. Als ob sie nie weg gewesen wäre!

Anja dachte an Tut, den Pharao und an das Amulett – und schmunzelte. „Jetzt weiß ich genau, wovon mein Aufsatz handeln wird", dachte sie und lief schnell nach Hause.

Finns Geheimnis

„Hier, Felix!", brüllte Finn und rannte, so schnell er konnte, in den gegnerischen Teil des Spielfelds.

Es war ein kalter Nachmittag, und Finn spielte in seiner Vereinsmannschaft, dem FSV Waldheim. Auch sein Zwillingsbruder Felix spielte mit.

Felix dribbelte den Ball über die Mittellinie auf das Tor zu. Er blickte auf und entdeckte seinen Bruder direkt vor sich; doch er beschloss, diesen Schuss selbst ins Tor zu setzen. Er kickte den Ball so steil nach oben, dass er über den Torwart und direkt unter der Latte ins Netz segelte.

„Tooor!", schrien die Spieler aus Finns Mannschaft und kamen herbeigerannt, um Felix zu gratulieren.

Finn blickte finster in Richtung seines Bruders und kickte frustriert in den Boden. Warum hatte Felix ihm nicht den Ball zugespielt? Er stand in der idealen Position, um ihn ins Tor zu setzen. Das war mal wieder typisch für seinen Bruder – den Ruhm ganz allein für sich einzustreichen!

„Das ist einfach nicht fair", brummte Finn. „Ich bin genauso Stürmer wie er. Warum hat er keinen Pass auf mich gespielt?"

Felix war der Spitzenspieler seiner Mannschaft, und wenn er den Ball hatte, gab er ihn nicht mehr her. So zumindest sah es Finn.

Finn war so sehr in seine Gedanken vertieft, dass er nicht bemerkte, wie der Spieler der gegnerischen Mannschaft mit dem Ball direkt an ihm vorbeizog; es dauerte auch nicht lange, da fiel ein Tor für sie – und es stand 1:1.

„Komm in die Gänge, Finn, sonst verlieren wir noch das Spiel!", schrie Felix von der anderen Seite des Spielfelds herüber.

Später – es waren nur noch drei Minuten zu spielen – herrschte noch immer Gleichstand. Plötzlich hatte Felix den Ball und dribbelte ihn in entgegengesetzte Richtung über das Spielfeld und auf das Tor zu.

„Felix!", schrie Finn wieder und brachte sich selbst in eine optimale Position vor dem gegnerischen Tor. Aber es sah so aus, als ob sein Bruder ihn überhaupt nicht gehört hätte. Felix rannte an Finn vorbei und setzte den Ball in die obere linke Torecke.

„Ein Schuss, ein Tor!", rief Felix, als der Ball ein zweites Mal an dem armen Torwart vorbeiflog. Wenige Augenblicke später ertönte der Schlusspfiff des Schiedsrichters.

Finns Mannschaft hatte gewonnen – dank seines Zwillingsbruders.

Fast alle aus der Mannschaft gratu-

lierten Felix, ebenso Finns und Felix'
Eltern. Sie schienen Finn, der allein
herumstand, gar nicht zu bemerken.

„Wir sind so stolz auf dich, Felix",
hörte Finn seine Mutter sagen.

„Nicht, Mama! Das ist peinlich",
erwiderte Felix. Finn aber sah, wie
zufrieden Felix war.

„Hätte er doch bloß den Ball mir
zugespielt", dachte Finn zornig. „Ich hätte
ja auch das Siegertor schießen können –

und dann wären Mama und Papa auch stolz auf mich." Finn dachte, wenn er jetzt verschwinden würde, merkte es bestimmt niemand. Und ohne einen weiteren Gedanken rannte er zu dem alten Vereinshaus am Eingang zum Spielfeld. Er stolperte in Richtung Umkleide.

„Willst du nicht erst etwas essen, mein Junge?", rief eine alte Frau hinter ihm her. Sie bereitete gerade Sandwiches für die beiden Mannschaften vor.

„Nein danke – ich habe keinen Hunger", antwortete Finn und öffnete die Tür zum Umkleideraum.

Finn zog die Schnürsenkel seiner Fußballschuhe auf; dann setzte er sich und versuchte, die Schuhe von den Füßen abzuschütteln, ohne die Hände zu Hilfe zu nehmen. Dabei flog sein linker Schuh hoch in die Luft und landete in der hinteren Ecke auf etwas, das mit einem großen Tuch abgedeckt war.

„Autsch!", sagte eine gedämpfte

Stimme unter der Decke. „Guck gefälligst, wo du hinkickst!"

„Oh nein! Hab ich jemanden mit meinem Schuh verletzt?", dachte Finn, und sein Herz rutschte ihm in die Hose.

„'Tschuldigung, ich wusste nicht, dass jemand hier ist", rief er und ging auf den Hügel aus verschlissenem weißem Stoff zu. Als er die Decke wegzog, kam ein uralter Kickerkasten zum Vorschein.

Finn hatte ihn noch nie gesehen. Jemand musste ihn erst kürzlich hierhin gestellt haben.

Er sah sich den Tisch genauer an. Schäbige alte Plastikfiguren waren auf mehreren silbernen Stangen aufgereiht, die an jedem Ende mit Gummigriffen ummantelt waren. Die Kickerfiguren trugen rote und blaue Trikots.

„Also, das bilde ich mir jetzt nur ein", flüsterte Finn leise. „Es ist niemand hier – außer mir und diesem blöden Kickerkasten."

Er drehte eine der Stangen um eine halbe Umdrehung, wodurch die auf ihr aufgereihten Spieler in roten Trikots mit den Füßen nach oben gestellt wurden. Dann bückte er sich, um seinen Fußballschuh aufzuheben, und ging zurück zur Bank.

„He!", sagte eine andere Stimme. „Du kannst uns nicht einfach in der Luft hängen lassen! Wir müssen spielen!"

Finn drehte sich langsam um und sah den Kickerkasten an. Diesmal war er sicher, dass er sich die Stimme nicht eingebildet hatte. Er ging hin und starrte auf die Reihe von Plastikbeinen, die in die Luft ragten.

„Also?", sagte die Fußballfigur, die Finn am nächsten stand. „Drehst du uns nun wieder zurück oder nicht? Mir ist schon ganz übel."

Finn fuhr ein Schreck durch die Glieder; er drehte den Stangengriff in die andere Richtung, bis die Figuren wieder gerade und mit den Füßen nach unten standen.

„Ah – so ist's besser. Willst du eine Partie mit uns spielen?", fragte derselbe Spieler im roten Trikot und sorgte damit für eine weitere Überraschung.

Finn dachte, er träumte – oder hatte er sich vielleicht am Kopf verletzt, als er einmal während des Spiels den Ball geköpft hatte? Er zwickte sich. „Autsch!" Also träumte er definitiv nicht. Die Fußballspieler schauten ihn immer noch an. „Ähm ... klar würde ich spielen; aber ich hab niemanden, gegen den ich spielen kann", antwortete Finn und starrte auf die ihm gegenüberliegende Seite.

„He, was meinst du? Eine ganze

Mannschaft spielt gegen dich!", gluckste ein anderer Spieler.

Finn war durcheinander. Er verstand nicht, wovon die Fußballfiguren sprachen. Er rieb sich die Augen und zwinkerte – und hoffte, wenn er sie wieder aufmachte, ergab alles wieder einen Sinn.

Doch als er die Augen wieder öffnete, blickte er nicht länger von oben auf das Spielfeld herab, sondern stand selbst darauf!

„Huch!" Finn starrte die Spielfiguren um ihn herum an. Sie waren jetzt nicht mehr auf den Stangen aufgereiht, und Finn war genauso groß wie sie! Selbst das Kickerfeld sah aus wie ein echtes Spielfeld.

„Gut, welche Position möchtest du spielen?", fragte ihn ein Spieler in blauem Trikot.

„Äh … Stürmer", sagte Finn, da er dies normalerweise tat.

„Hm, wir haben in unserem Spiel nicht diese genauen Positionen", antwortete der

Spieler in Blau. „Du bist entweder Angreifer, Verteidiger oder Torwart. Also – was willst du sein?"

Finn entschied sich für Angreifer. Er erhielt ein blaues Trikot und die Anweisung, sich ganz vorn zu positionieren.

In beiden Mannschaften schien es keine Spitzenspieler zu geben, und alle spielten einander gern Pässe zu. Finn schoss sogar einige Tore.

Plötzlich hörte er, wie sich die Tür zum Umkleideraum öffnete. Er zwinkerte und fand sich in der nächsten Sekunde wieder in alter Größe und vor dem Kickerkasten wieder.

„Was machst du hier, Finn?", fragte Felix. Hinter ihm folgte der Rest der Mannschaft.

„Warum bist du nicht zum Sandwichessen gekommen?", fragte ein anderer Mitspieler. „Der Trainer hat eine Rede gehalten – und dein Bruder wurde zum ‚Spieler des Tages' ernannt!"

„Sag das noch mal", flüsterte Finn so leise, dass niemand sonst es hörte. Als er bemerkte, dass der Kickerkasten noch immer unbedeckt war, zog Finn hastig das Tuch wieder darüber, denn er wollte sein kleines Geheimnis für sich bewahren.

Doch Felix hatte es bereits entdeckt und stellte sich neben Finn. „Was versteckst du denn da?", flüsterte er in Finns Ohr, grinste seinen Bruder an und hob die Decke hoch. „Cool! Ein Kicker-kasten", sagte er und fuhr fort: „Sieht aller-dings ziemlich alt und verrostet aus. Ob der noch funktioniert?"

Sehr zu Finns Ärger rüttelte Felix grob an den Griffen herum und drehte die Plastikkicker einmal durch die Luft.

„Vorsicht!", rief Finn. „Du verletzt sie ..."

„Wen?", fragte Felix perplex.

„Oh, n-niemanden", stotterte Finn. „Ich meine ... äh ... den Kasten. Ich will nicht, dass du den Kickerkasten kaputt machst."

„Komm schon", stöhnte Felix. „Wir

müssen uns umziehen. Mama und Papa warten schon auf uns."

Von diesem Tag an versuchte Finn, so oft wie möglich zum Vereinshaus zu kommen und Tischfußball zu spielen. Jedes Mal, wenn er das Tuch vom Kickerkasten zog, fand er sich sogleich auf magische Weise verkleinert auf dem Kickerfeld wieder, als ob er einer der Plastikkicker wäre.

Eines Tages, kurz vor einem Spiel auf dem Vereinsplatz, kam Finn früher als gewöhnlich ins Vereinshaus, um vor dem

Anstoß noch eine Runde Tischfußball zu spielen. Diesmal jedoch sah er nirgendwo den Kickerkasten. Er schien wie vom Erdboden verschluckt zu sein.

Enttäuscht zog sich Finn langsam das Vereinstrikot an und wartete auf die restlichen Spieler seiner Mannschaft.

„Du warst aber früh weg heute Morgen", sagte Felix, als er eine Weile später in den Umkleideraum schlenderte. „Warum solche Eile?"

„Darum", antwortete Finn düster.

Felix sah seinen Bruder an und stöhnte. „Ich hoffe, du kriegst bessere Laune, wenn wir anfangen zu spielen. Das Spiel ist unheimlich wichtig; schließlich wollen wir heute nicht verlieren", warnte er ihn.

Finn funkelte Felix wütend an. „Macht doch keinen Unterschied, ob ich spiele oder nicht", blaffte er zurück. „Du gibst den Ball ja sowieso nie an mich ab ... Da kannst du das Spiel auch gleich ganz allein spielen!" Und damit stürmte Finn aus dem Vereins-

gebäude, stapfte quer über das Trainings-
gelände hinüber zum Spielfeld, auf dem
sich die gegnerische Mannschaft gerade
aufwärmte.

Als das Spiel begann, schien Felix
nicht wie sonst den Ball immer nur für sich
zu ergattern; mehr noch: Er schien
überhaupt nicht viel zu tun. Und innerhalb
von fünf Minuten schossen die Gegner ihr
erstes Tor.

„Was machst du, Felix?", rief der
Trainer vom Spielfeldrand aus. „Komm in
die Gänge und schieß ein Tor!"

Selbst Finn begann, sich Sorgen um
Felix zu machen. „Was ist denn los?", fragte
er seinen Bruder in der Halbzeit. „Willst du
heute nicht der Held des Tages werden?"

„Nein, will ich nicht", sagte Felix
traurig. „Ich habe nicht gewusst, wie du
dich fühlst ... erst, als du es vorhin gesagt
hast. Also dachte ich, ich halte mich heute
mal ein bisschen zurück und lasse dir die
Chance, ein Tor zu schießen."

Finn sah seinen Bruder an und schüttelte verzweifelt den Kopf. „Aber verstehst du denn nicht?", erwiderte er. „Auf diese Weise bist du immer noch kein echter Teamspieler. Stattdessen wäre es viel besser, wenn wir zusammenspielen würden."

Felix scharrte einige Sekunden lang mit den Füßen auf dem Boden herum. „Na gut", sagte er schließlich.

In der zweiten Hälfte bekam Felix gleich zu Beginn den Ball und dribbelte auf das Tor zu.

„Hier!", rief Finn seinem Bruder zu. Und diesmal blickte Felix vom Ball hoch, sah Finn und spielte einen Pass auf ihn.

Den Ball und das Tor gleichzeitig im Blick, schoss Finn so kräftig, wie er konnte. Der Ball flog über den Kopf des Torwarts hinweg, knapp am Pfosten vorbei und ins Netz hinein.

„T O O O R!"

Finns Mitspieler rannten auf ihn zu und umarmten ihn stürmisch.

Der Erste von ihnen war sein Zwillingsbruder Felix. „Das ist dein Tor,

Kumpel!",
strahlte er.

„Nein, unser Tor", korrigierte Finn seinen Bruder. Für den Rest des Spiels arbeiteten die beiden Brüder als Team zusammen, und jeder von ihnen schoss ein weiteres Tor.

Schließlich gewann der FVS Waldheim, Finns Verein, 3:1.

Als diesmal der Schlusspfiff ertönte, liefen die Eltern auf das Spielfeld, um beiden, Felix und Finn, zu gratulieren. „Ich wusste gar nicht, dass du ein ebenso guter Fußballer wie dein Bruder bist, Finn", grinste ihn sein Vater stolz an.

„Das kommt wahrscheinlich daher", sagte Felix und legte seinen Arm um Finn, „dass er bisher keine Gelegenheit hatte, sein Können zu zeigen."

Nach dem Spiel schlich Finn hinüber ins Vereinshaus, um die Plastikkicker zu suchen. Er wollte ihnen so gern von dem Spiel und seinen Toren erzählen! Als er den Umkleideraum betrat, sah er dort, wo früher der Kickerkasten gestanden hatte, nur lauter übereinandergestapelte Stühle stehen. Gleich darauf kam Felix herein.

„Warum bist du denn traurig, Finn?", fragte Felix und gab seinem Bruder einen freundschaftlichen Schubs. „Du hast doch gerade das Spiel gewonnen!"

„Ach nichts", antwortete Finn und grübelte weiter darüber nach, wohin der Kickerkasten verschwunden sein könnte. „Ich hätte nur gern eine Runde Tischfußball gespielt. Du weißt nicht zufällig, wo der Kickerkasten ist?", fragte er.

„Doch – ich habe den Trainer danach gefragt", antwortete Felix. „Er gehört der Familie der alten Frau, die immer die Sandwiches macht. Anscheinend wollte sie ihn irgendwo abstellen, solange sie mit ihrem Umzug beschäftigt war."

„Ach", seufzte Finn enttäuscht. Er hätte den Plastikkickern so gern auf Wiedersehen gesagt!

„Der Trainer sagt, ich kann, sooft ich will, zu ihr nach Hause kommen und eine Runde am Kickerkasten spielen. Anschei-nend vermissen mich die Plastikkicker!", kicherte Felix, hob seinen Zeigefinger an die Stirn und drehte ihn ein paarmal, um anzudeuten, dass die alte Frau wohl ein bisschen verrückt war.

Finn schmunzelte. Wahrscheinlich hatte die alte Frau seinen Bruder mit ihm verwechselt; als Zwillinge glichen sie sich schließlich wie ein Ei dem anderen. Finn war überglücklich. „Na so was, sprechende Plastikkicker!"

Und so gingen die beiden Brüder nach Hause.

Finn plante unterwegs schon seinen Besuch bei der alten Frau.

Rettung auf dem Mond

Tom Schüler zog seine Mondstiefel an und klappte das Visier des Helms herunter; dann glitt er durch die Luftschleuse hinab auf den staubigen Mondboden. Vor sich sah er das silberne Gebäude der Raumfahrtakademie, nicht weit von Mondstation 3 entfernt, wo er wohnte. Er musste sich beeilen, sonst kam er zu spät zu seinem Samstagsjob.

Tom war erst vor Kurzem mit seiner Familie auf den Mond gezogen, und er liebte seine neue Umgebung. Er trug gern den weißen Raumanzug, den glänzenden Helm und die dicken Mondstiefel dazu. Er liebte das Gefühl der Schwerelosigkeit, wenn er draußen war – außerhalb der Mondstation; und er konnte sehr hoch

springen, zum Beispiel über die Mond-
felsen, die überall herumlagen. Auch
blickte er schrecklich gern zurück zur Erde,
die grün und blau im schwarzen Weltraum
glühte – wie ein rundes, strahlendes Juwel.

Am liebsten aber beobachtete Tom die
Raumschiffe, wenn sie die Raumfahrtakademie verließen oder zu ihr zurückkehrten.
Tom war ganz besessen davon. Er hatte sich
den Reinigungsjob in der Akademie ver-
schafft, nur um die Raumschiffe aus
nächster Nähe sehen zu können. Da gab es
gigantische Güterkreuzer, große Raumschiffe für den Personentransport von und
zur Erde sowie kleine Raumfähren, die das
Raumfahrtpersonal und Besatzungsmit-
glieder der einzelnen Stationen von Mondstation zu Mondstation beförderten.

Seit Neuestem sprach man überall von
dem jüngsten Raumschiff der Raumfahrtakademie – einer Düsengondel für zwei
Personen. Tom hatte sie noch nicht leib-
haftig gesehen, aber ein Poster hing bereits

in seinem Zimmer an der Wand. Die Düsengondel sah fantastisch aus. Man sagte, sie sei das Schnellste, was die Akademie je gebaut hatte.

Tom träumte davon, als Kadett in der Raumfahrtakademie zu lernen, wie man Raumschiffe wie die Düsengondel flog. Doch als er auf den Mond gekommen war, waren bereits sämtliche Ausbildungsplätze vergeben.

Eines Samstags putzte er einen der Trainingsräume der Akademie. Dort standen verschiedene Flugsimulatoren – für jede Art Raumschiff ein anderer. Die Raumfahrtkadetten lernten hier den Umgang mit Raumschiffen – als Vorbereitung für echte Flüge, wenn sie alt genug dafür waren.

Normalerweise war der Raum leer, wenn Tom zum Putzen kam, und bisher hatte er noch nie einen Simulator in Aktion erlebt. Heute jedoch sah er einen Techniker in einem weißen Laborkittel unter einem nagelneuen Flugsimulator liegen; neben ihm stand ein Werkzeugkasten.

„Gibst du mir bitte mal den Schrau-
benschlüssel?", rief der Mann im Kittel.

„Ich?", fragte Tom und drehte sich um.

„Ist etwa sonst noch jemand da?",
brummte der Techniker. „Gib mir den mit
dem roten Griff – und geh an die rechte
Seite des Simulators. Dann drückst du den
grünen Knopf."

Tom tat, was der Mann sagte, und
beobachtete fasziniert, wie die Lichter des
Simulators aufflackerten und sich die
Maschine zu drehen begann.

„Danke", sagte der Techniker und
streckte sich. „So auf dem Boden herumzulie-
gen, tut meinen alten Knochen gar nicht gut."

Unter zwei weißen, buschigen Augenbrauen blickten zwei blitzende Augen hervor und sahen Tom an. „Ich habe dich hier noch nie gesehen – bist du ein Kadett?"

„N-nein ...", stotterte Tom. „Ich bin Tom ... Tom Schüler. Ich gehe auf Mondstation 3 zur Schule. Ich arbeite nur samstags hier ... um die Raumschiffe aus nächster Nähe zu sehen."

„Ah – du magst also Raumschiffe?", fragte der Techniker und schmunzelte. Dann streckte er seine Hand aus. „Ich heiße Bill Baumeister", sagte er. „Schön, dich kennenzulernen."

„Ich kenne Sie schon", sagte Tom und gab ihm die Hand. „Sie haben die Düsengondel entworfen."

„Richtig, mein Junge! Die findest du gut, was?", antwortete Bill.

„Und wie!", sagte Tom mit glänzenden Augen. „Sie ist ein Zauberkunststück!"

„Bald werden wir mit der Ausbildung dafür beginnen – sobald ich diesen Simu-

lator auf Vordermann gebracht habe",
erklärte Bill; dabei klopfte er zärtlich auf
die Seite des Simulators. Dann sah er Tom
an und überlegte.

„Die Kadetten sind alle weg, zu einem
Lehrgang. Hättest du nicht Lust, mir
zu helfen, den Simulator in Gang zu
bringen – damit er funktioniert, wenn sie
zurückkommen?"

„Darauf können Sie wetten!", erwiderte Tom und strahlte.

„Okay", sagte Bill. „Dann zieh diesen
Helm auf, setz dich hinein und schnall dich
an. Die Sitze bewegen sich so, dass du das
Gefühl hast, wirklich in einem Raumschiff
zu sitzen."

Dann erklärte Bill ihm die Steuerungs-
instrumente. „Dieser Steuerknüppel reagiert
sehr empfindlich", warnte er Tom. „Den
darfst du nur ganz leicht bewegen. Fertig?"

Tom nickte. Bill betätigte einen Schal-
ter, und vor Tom leuchtete ein gekrümmter
Bildschirm auf, der die Start- und Lande-

bahn der Akademie und dahinter die Mondlandschaft zeigte.

„Ziemlich realistisch, oder?", grinste Bill. „Okay – auf geht's!"

Tom schaltete den Simulator an und zog vorsichtig den Steuerknüppel nach oben. Sofort spürte er, wie der Sitz zu schweben begann, als säße er in einem winzigen Raumschiff. Dann drückte er den Steuer-knüppel nach vorn, und los ging's. Der ganze Simulator taumelte wild von einer Seite zur anderen, während Tom versuchte, die Maschine in den Griff zu bekommen, doch schon bald hatte er den Kniff heraus.

Vor ihm auf dem Bildschirm sah er den Mondboden immer schneller unter sich hinwegziehen, je schneller er den Simulator laufen ließ. Plötzlich tauchten Hindernisse auf. Tom musste dicke Felsen überfliegen und durch Engpässe hindurchnavigieren; anschließend wich er fliegenden kosmi-schen Gesteinsklumpen aus. Eine ganze Stunde verging wie im Flug.

„Das ist ja erstaun-
lich ...", meinte Bill, als
Tom seinen Helm ab-
nahm. „Sag mal,
kannst du mir mor-
gen auch noch ein-
mal helfen? Dann
will ich die Steue-
rungsinstrumente
und die Computer-
software genau ein-
stellen."

„Oh ja – gern!", rief Tom. „Das wäre
toll!"

Am nächsten Tag und an den darauf-
folgenden Abenden, nach der Schule, half
Tom beim Testen des Düsengondel-
Simulators. Bill programmierte ihn so, dass
Tom verschiedene Schwierigkeitsgrade testen konnte und dabei alle möglichen Hindernisse umfliegen musste – manchmal mit
nur einem laufenden Motor oder mit
einzelnen, nicht richtig funktionierenden

Steuerungsinstrumenten. Tom bewältigte alles mit Bravour.

„Du bist ja ein Naturtalent", sagte Bill eines Abends, nachdem Tom alle zwanzig Schwierigkeitsgrade gemeistert hatte.

Plötzlich ertönte Alarm.

„Was ist das?", fragte Tom.

„Keine Ahnung", erwiderte Bill stirnrunzelnd. „Lass uns ins Kontrollzentrum gehen!"

Im Kontrollzentrum der Raumfahrtakademie saßen Flugoffiziere und Ingenieure vor einem riesigen Monitor, auf dem das Gesicht des obersten Raumfahrtkommandeurs flackerte. Durch das Knistern und Rauschen der atmosphärischen Störung vernahmen sie seine Worte.

„Maschinen reagieren nicht ... Wiederhole: Die Maschinen reagieren nicht ... Türen sind blockiert. Komme nicht heraus ... wiederhole: Ich komme nicht heraus ..."

„Was ist da los?", fragte Bill einen der Flugoffiziere.

„Der Kommandeur hat die Kadetten zu ihrem Lehrgang auf die andere Seite des Mondes gebracht", antwortete der Offizier. „Doch auf dem Rückweg hatte sein Raumschiff Maschinenprobleme – er musste bruchlanden!"

„Wo?", fragte Bill entsetzt.

„Am Cassini-Krater. Sieht nicht gut aus", fuhr der Offizier bedrückt fort. Er zeigte auf den Bildschirm vor ihm, der ein Satellitenbild vom Raumschiff des Kommandeurs zeigte, das sich auf dem Kraterrand befand und gefährlich zu schwanken schien.

„Der Krater ist mehr als 10000 Meter tief. Wenn das Raumschiff über den Rand kippt, wird es zerschellen!"

„Und noch etwas", unterbrach einer der Ingenieure. „Ein Meteoritenregen ist unterwegs. Er wird den Cassini-Krater in … Moment …", er machte eine Pause und hämmerte in die Tastatur seines Computers, „… in zwanzig Minuten erreichen."

Es herrschte angespannte Stille.

„Wenn einer dieser fliegenden Gesteinsbrocken das Raumschiff trifft –", setzte der Ingenieur an.

„Ja, wir wissen es", unterbrach ihn der Offizier barsch. „Er wird es direkt in den Krater hinunterschicken. Also haben wir nicht viel Zeit. Wir müssen ein Rettungsraumschiff losschicken."

„Aber unsere sind zu schwer", sagte der Ingenieur kopfschüttelnd. „Wenn eins davon versuchen würde, an das des Kommandeurs anzudocken, würden beide über den Kraterrand kippen ..."

„Außer der Düsengondel", meldete sich Tom zu Wort. „Sie ist schnell und leicht – und das einzige Raumschiff, das in der Lage ist, Meteoriten auszuweichen."

„Aber es wurde noch niemand dafür ausgebildet, die Düsengondel zu fliegen!", rief der Ingenieur verzweifelt.

„Doch, einer", sagte Bill und wandte sich an Tom.

„Hilfst du uns?", fragte er ihn.

„Na klar – nur wie?", sagte Tom und wurde gleich darauf von Bill unterbrochen.

„Komm mit!", schrie er und zog Tom am Arm mit sich. Zusammen rannten sie den langen Korridor der Raumfahrtakademie entlang zur Dockstation – vorbei an Reihen von Güterkreuzern, Personentransportern und Besatzungsfähren. Ganz am Ende, in der letzten Bucht, stand die schimmernde, brandneue Düsengondel.

„Bist du so weit?", fragte Bill.

„I-ich?", stotterte Tom.

„Ja, du! Du bist der Einzige, der das

kann! Aufträge wie diesen hast du im Simulator viele Male geübt und gemeistert."

Tom dachte keinen Augenblick lang nach. Er schnappte sich den Helm, kletterte in die Düsengondel und schnallte sich an.

„Ich bin im Kontrollzentrum", rief Bill ihm zu und ergänzte: „Viel Glück, Tom!"

Die Tür der Düsengondel glitt leise zu.

Tom konnte es nicht glauben. Er saß in einer richtigen Düsengondel! Er atmete tief ein, schaltete die Maschine ein und griff zum Steuerknüppel. Die Düsengondel begann zu schweben.

Tom drückte den vertrauten Knüppel nach vorn, und binnen Sekunden düste er aus der Raumfahrtakademie hinaus ins All.

„Tom, kannst du mich hören?", rief Bill durch den Lautsprecher in Toms Helm.

„Laut und deutlich!", antwortete Tom.

„Ich sage dir nun Schritt für Schritt, was du tun musst, um direkten Kurs auf den Cassini-Krater zu nehmen."

„Okay!"

„Ankunft in – sechzehn Minuten."

Tom gab die Koordinaten, die er von Bill erhielt, ein. Die Düsengondel fühlte sich exakt wie ihr Simulator an, und so versuchte Tom, erst gar nicht daran zu denken, dass er tatsächlich durchs All raste. Endlich erblickte er den Krater unter sich – ein riesiges Schattenloch auf der Mondoberfläche. Das Raumschiff des Obersten Raumfahrtkommandeurs balancierte wippend auf dem Kraterrand – wie ein winziges Insekt, das drohte, gleich hinunterzutaumeln.

„Okay, Tom – du hast noch sechzig Sekunden, bevor der Meteoritenregen beginnt", sagte Bill. „Beeil dich!"

Tom drosselte die Geschwindigkeit, bis die Düsengondel direkt über dem Raumschiff des Kommandeurs schwebte.

„Vierzig Sekunden!", rief Bill.

Vorsichtig senkte Tom die Düsengondel zum Andocken herab, bis die Heckklappe im Boden direkt über der Heckklappe im Dach des Raumschiffs stand.

„Zwanzig Sekunden!"

Tom sprang aus seinem Sitz und drückte mit aller Kraft den Bügel herunter, der die Heckklappe öffnete. Damit öffnete er auch die Heckklappe des Raumschiffs unter ihm.

„Zehn Sekunden! Neun ... acht ..."

Im nächsten Augenblick hievte sich der Kommandeur hinauf in die Düsengondel und schlug die Heckklappe hinter sich zu.

„... sieben ... sechs ... fünf ..."

Tom glitt in seinen Sitz zurück und drückte den Knopf, der die Düsengondel wieder vom Raumschiff löste.

„Vier ... drei ... zwei ..."

Die Düsengondel schoss nach oben. Tom und der Kommandeur sahen aus dem Fenster zu, wie das Raumschiff über den Kraterrand kippte und in die Tiefe stürzte.

„Eins! Macht, dass ihr wegkommt!", brüllte Bill, als Gesteins- und Eisbrocken, größer als Hagelkörner, auf das Dach der Düsengondel zu prasseln begannen.

„Schnallen Sie sich an!", rief Tom. „Es wird ein unruhiger Flug werden!"

Tom nahm Kurs auf die Akademie, doch sie befanden sich jetzt mitten im

Meteoritenhagel, und die Brocken wurden immer größer.

Ein mächtiger Gesteinsbrocken traf die Gondel in der Seite, sodass sie heftig herumwirbelte; doch Tom gelang es, das Raumschiff zurück auf Kurs zu bringen.

„Maschine Nummer 1 ist ausgefallen", schrie der Kommandeur, als auf der Bedienungskonsole rote Lichter aufflackerten.

„Keine Sorge", rief Tom ihm durch zusammengebissene Zähne hindurch zu, „das kenne ich schon ..."

Tom flog im Zickzack zwischen den Gesteinsbrocken hindurch und trieb die Düsengondel zu ihrer Spitzengeschwindigkeit an. Er und der Kommandeur wurden von einer Seite auf die andere geworfen, als er die Gondel mal nach links, dann wieder nach rechts, nach oben und wieder nach unten steuerte und dabei all sein Können und äußerste Konzentration aufbrachte. Weit unter sich sahen sie Staubwolken in die Höhe schießen, wenn Meteoriten auf dem Mondboden aufschlugen.

Dann schoss die Düsengondel plötzlich aus dem Meteoritenhagel heraus in die absolute Stille des Alls. Sie sahen die Sterne, die im Tintenschwarz hell aufleuchteten.

„Noch fünf Minuten bis zur Landung",
sagte Tom und nahm direkten Kurs auf die
Raumfahrtakademie.

Der Kommandeur starrte ihn an. „Du
bist keiner meiner Kadetten! Wie heißt du?"

„Ich bin Tom Schüler", antwortete
Tom.

„Nun ja, guter Flug, Tom Schüler!",
lächelte der Kommandeur und schüttelte den
Kopf. „Dann bring uns mal zurück."

In der Akademie brach großer Jubel
aus, als Tom mit dem Kommandeur aus
der Düsengondel kletterte.

„Gut gemacht, Tom!", rief Bill und
klopfte ihm anerkennend auf den Rücken.

„Sag mal, Tom", sagte der Kommandeur. „Wo hast du bloß so gut fliegen
gelernt?"

„Im Düsengondel-Simulator", antwortete Tom. „Ich habe Bill Baumeister bei
den Testläufen geholfen."

„Das stimmt", bestätigte Bill. „der
Junge ist ein Naturtalent!"

„Sieht ganz so aus", stimmte der Kommandeur ihm zu.

Dann nahmen alle die Düsengondel in Augenschein. Ihre glänzende, neue Hülle war rundum verkratzt und eingedellt.

„Wie schrecklich", sagte Tom traurig.

„Fliegt aber wie ein Traum!", sagte der Kommandeur. „Keine Sorge – nächste Woche werden fünfzig brandneue Düsengondeln geliefert. Was meinst du, Bill: Ob wir wohl eine davon als Dankeschön an unseren jungen Piloten entbehren können?"

„W-wirklich?", stotterte Tom und starrte den Kommandeur an.

„Wirklich!", bejahte der Kommandeur: „Aber nur unter einer Bedingung: Du fängst nächste Woche deine Ausbildung zum Raumfahrtkadetten an. Piloten wie dich kann ich gut gebrauchen. Bist du dabei?"

Einen Moment lang war Tom sprachlos; dann sprang er auf und riss vor Freude die Faust in die Luft.

„Na klar!"

Das lachende Gespenst

Nur wenige Kinder lebten so wie Patrick. Wenn er mit dem Bus aus der Schule kam, stieg er dort aus, wo die Straße nahe am Fluss entlangführte, und lief die kurze Strecke bis zu einer eisernen Brücke zu Fuß. Die Brücke führte zu einer Insel mitten im Fluss. Und dort lebte Patrick – auf einem Hausboot.

Das Boot hieß *Tante Hedwig*, es war lang und schmal und besaß sieben Kabinen. Das Dach darüber war robust und mit einem Geländer rundherum gesichert, sodass man dort sicher spielen und vor allem aber beobachten konnte, was rundherum geschah.

Früher war das Boot auf dem Fluss ständig unterwegs gewesen; damals zogen es zwei Pferde den Leinpfad entlang. Heute wurde es von zwei Motoren betrieben.

Manchmal lösten Patricks Eltern die Ankerleinen vom Anleger und fuhren mit der *Tante Hedwig* den Fluss entlang, um andere Gegenden kennenzulernen – auch wenn diese nicht allzu weit entfernt und am selben Fluss lagen.

Patrick liebte den Fluss. Seine beiden besten Freunde, Sara und Sven, lebten auch auf einem Boot, das nicht weit von Patricks Boot entfernt lag.

In ihrer Umgebung gab es stets jede Menge interessanter Sachen zu beobachten, und an diesem Teil des Flusses war immer etwas los. Patrick und seine Freunde streunten über die Insel, besuchten sich gegenseitig auf ihren Booten, spielten Ball oder sahen die Welt vom Wasser aus vorüberziehen. Solange man schwimmen konnte und vorsichtig blieb, war dies der beste Ort für ein Kind.

Selbst der Zutritt zu dem alten Hotel mitten auf der Insel war nicht versperrt oder verboten. Dieses Hotel war einst ein Prachtbau gewesen, doch nun stand es schon seit Langem leer. In diesem Hotel gab es sogar ein Theater, wo vor vielen Jahren berühmte Schauspieler aufgetreten waren.

Die Inselkinder hatten einmal darin gespielt und für ihre Eltern und andere Bootsbesitzer eine Vorführung gegeben. Das einst blendend weiße Gebäude war aber inzwischen schmuddelig und grau geworden, und es herrschte eine gespenstische Atmosphäre dort, sodass sich niemand mehr länger darin aufhielt.

Als Patrick an einem Freitagnachmittag von der Schule nach Hause kam, las sein Vater gerade die Zeitung. Patrick war froh, ihn zu sehen, denn er hatte Neuigkeiten für ihn. Doch bevor er davon anfangen konnte, sagte sein Vater:

„Hör dir das an, Patrick! In der Zeitung steht, ein Mann, der von der Polizei gesucht wird, soll sich in unserer Gegend herumtreiben. Er ist ein Wilderer, der es auf seltene Tiere abgesehen hat; selbst Nester seltener Vögel soll er plündern."

Patrick hörte gespannt zu. „Vielleicht ist das der neue Mann auf der Insel – der mit der schiefen Nase und der Narbe im Gesicht. Ich wette, eins der Tiere hat ihm die verpasst!", rief er.

„Meinst du etwa Karl Schmitt?", antwortete sein Vater. „Der ist bestimmt in Ordnung. Warum glaubst du, er hätte etwas auf dem Kerbholz?"

„Ich bin gestern an seinem Boot vorbeigekommen", erklärte Patrick. „Als er mich sah, hat er etwas ins Wasser geworfen – einen Schwan! Er flatterte wie wild im Kreis herum, als ob er angebunden wäre, und seine Federn sahen schrecklich aus."

„Es gibt bestimmt eine Erklärung für das, was du gesehen hast", sagte sein Vater und runzelte die Stirn. „Allerdings ..."

Patrick lief, sobald er konnte, zu Sven und Sara. Zunächst redeten sie über die Tierschmuggler-Geschichte; dann erinnerte sich Patrick an seine wirklich wichtigen Neuigkeiten. „Was ich ganz vergessen habe zu erzählen: Ich habe ein Gespenst entdeckt!"

„Ein Gespenst? An so was glaube ich nicht", erwiderte Sven verächtlich.

„Na ja, direkt gesehen habe ich es nicht ...", sagte Patrick und zögerte, „aber gehört – als ich heute nach Hause ging. Da war aus dem alten Theater ein gespenstisches Lachen zu hören."

„Cool! Vielleicht ist das der Geist eines

alten, berühmten Schauspielers!", meinte
Sara.

„Hm ... wahrscheinlich war einfach
irgendwo ein Fernseher zu laut", mutmaßte
Sven.

„Ganz bestimmt nicht", erklärte Patrick. „Und ich werde es beweisen ..."

Am Abend saßen Patrick, Sven und
Sara in der Wohnzimmerkabine der *Tante
Hedwig* und versuchten, Patricks Mutter zu
überreden, sie draußen auf dem Oberdeck
schlafen zu lassen.

„Ich weiß nicht, ob das eine gute Idee
ist", sagte Patricks Mutter.

„Wir wollen Nachtgeräusche hören",
bat Patrick.

„Und die Sterne sehen!", ergänzte
Sara.

„Na gut, aber dann mach ich euch
etwas Warmes zu trinken", sagte Patricks
Mutter. Außerdem verlangte sie: „Sprüht
euch ordentlich mit Insektenspray ein, und
nehmt außer euren Schlafsäcken noch

Decken mit. Unter Deck hättet ihr's ja eigentlich viel bequemer ..."

„Aber draußen macht mehr Spaß", fügte Sven noch an. „Es ist ein Abenteuer!"

„Meinetwegen", sagte Patricks Mutter. „Aber haltet euch warm – und kommt runter, wenn das Wetter schlecht wird, und ..."

„Danke!", rief Patrick und sprang auf, um alles Weitere vorzubereiten – bevor es sich seine Mutter wieder anders überlegen konnte.

Zu dieser Jahreszeit wurde es spät dunkel, und so war es noch hell, als die Kinder unter freiem Himmel zu Bett gingen. Sie krochen in ihre Schlafsäcke, aber es war nicht kalt hier oben. Dort, wo die Sonne unterging, leuchtete der Himmel rosarot. Sie lebten wirklich an einem wunderschönen Ort, und es war kaum vorstellbar, dass hier überhaupt etwas Böses oder Erschreckendes passieren konnte.

„Hat jeder seinen Rucksack und eine Taschenlampe dabei?", fragte Patrick, als

ob er eine ganze Kompanie von Entdeckern anführte. Die anderen beiden nickten.

„Mama hat mir ihren Wecker gegeben", sagte er.

„Sie weiß aber nicht, dass wir auf ein lachendes Gespenst warten. Ich habe gesagt, wir wollen Eulen beobachten und so was. Den Wecker habe ich auf drei Uhr gestellt."

„Okay, dann tritt mich bitte wach", sagte Sven.

Es war längst dunkel, als die drei einschliefen – als der Wecker klingelte, schien kaum Zeit vergangen zu sein. Er war so laut, dass Patrick befürchtete, die ganze Insel würde wach werden, doch obwohl ein Hund anfing zu bellen, schien niemand sonst das Gebimmel zu hören.

Es war stockfinster und inzwischen auch kälter geworden. Die drei Freunde setzten sich auf und wickelten sich dankbar in ihre Decken. Eine ganze Weile saßen sie mucksmäuschenstill da und lauschten. Ganz in der Nähe riefen sich zwei Eulen etwas zu, dann begann in dem hohen Baum, der am Rand des Leinpfads nahe ihres Bootes stand, eine Nachtigall zu singen; sie sang schön, aber auch ziemlich laut.

„Bei dem Krach werden wir niemals ein Gespenst hören", beschwerte sich Sara. „Wir müssen näher ans Hotel herangehen."

Auch darauf hatten sich die Kinder vorbereitet. Schnell zogen sie ihre Kleider über die Schlafanzüge und schlichen auf

Zehenspitzen über das Dach, damit Patricks Eltern sie nicht hörten. Sie kletterten über die Leiter vom Dach herunter und sprangen auf den Anleger. In nur einer Minute hatten sie das hohe Gras und den Parkplatz des Hotels überquert.

Als sie näher an den Theatereingang des Gebäudes kamen, hörten sie das Gelächter! Es klang gruselig, wie lautes Männerlachen, aber definitiv nicht wie ein laufender Fernseher.

„Hört ihr?", flüsterte Patrick seinen Freunden zu. „Ich hatte recht!"

„Ich hab Angst!", rief Sven, der plötzlich ganz sicher an Gespenster glaubte!

„Lass uns näher an die Fenster rangehen", flüsterte Sara. „Seht ihr? Da ist Licht ... Oh, jetzt ist es aus. Also ist jemand da drin!"

Ängstlich schlichen sie näher heran und hielten ihre Taschenlampen hoch. Dabei bemerkten sie die vier Mülltonnen aus Metall so lange nicht, bis sie unter schrecklichem Lärm dagegenstießen. Die Deckel flogen herab und trullerten klappernd durch die Gegend; einer rollte quer über den Parkplatz, die Böschung hinab und ins Wasser. Der Krach hörte und hörte nicht auf. Kein Wunder, dass sämtliche Hunde auf der Insel zu bellen anfingen!

Die Kinder rannten zur *Tante Hedwig*.

„Was ist denn da oben los?", rief Patricks Vater aus dem Bootsinnern heraus.

„Nichts", keuchte Patrick noch immer außer Atem. „Wir dachten, wir hätten etwas gehört, deshalb sind wir aufgestanden. Ähm ... dürfen wir wieder ins Boot hinunterkommen?"

Am nächsten Morgen frühstückten die drei Freunde zeitig und gingen hinaus aufs Dach, um ungestört reden zu können.

„Ich konnte letzte Nacht nicht ins Hotel hineingehen", sagte Sven und schüttelte sich. „Auf gar keinen Fall – nicht im Dunkeln!"

„Ich auch nicht", gab Sara zu.

„Außerdem war das Fenster viel zu hoch, um von draußen hineinsehen zu können."

„Vielleicht sollten wir besser *jetzt* nachsehen – bei Tageslicht?", rief Patrick aufgeregt.

Die drei Freunde kehrten zum Hotel zurück und gingen bis zum Haupteingang um das Gebäude herum. Es war noch nicht so ramponiert, dass der Zutritt eine Gefahr

dargestellt hätte, und die Eingangstür war nicht verschlossen. Also gingen die drei hinein und zogen die Tür hinter sich zu. Doch das Licht funktionierte nicht, und alle Fensterläden waren geschlossen.

Deshalb war es drinnen ziemlich schummrig, obwohl der Tag gerade erst angebrochen war.

Sie gingen auf die Tür neben der Hotelrezeption zu, hinter der sie in ein Labyrinth von Gängen gerieten, die mal hierhin, mal dorthin abbogen – bis sie nicht mehr wussten, wo sie waren.

Dann hörten sie auf einmal ganz deutlich Kratzgeräusche.

„Das ist jetzt aber echt gruselig!", flüsterte Sven.

„Find ich auch", gab Sara zu.

Am Ende führte das kratzende Geräusche die drei zu dem, was sie suchten.

Auf dem Schild über der Tür stand in großen Buchstaben: THEATER. Langsam öffneten sie sie und spähten in den

Theaterraum. Die Fensterläden waren weit geöffnet – und so blendete sie das Tageslicht beinahe.

Geraschel und Gepiepse drang aus dem Saal, und die drei Abenteurer konnten reihenweise Käfige erkennen. Der erste, auf den sie zugingen, war ein großer Käfig, und Patrick erkannte den Gefangenen sofort.

„Das ist der Schwan, von dem ich euch erzählt habe! Ich wusste doch, dass der Mann Dreck am Stecken hat ...", rief er. „Was hat er nur mit ihm gemacht? Schaut euch bloß das arme Tier an. Der ist ja völlig verschreckt!"

Sie sahen in die anderen Käfige hinein. Überall saßen Tiere, die aussahen, als ginge es ihnen schlecht. In einem Käfig hockte eine zerzauste Eule, in einem anderen ein Tier mit einem lang gestreckten Körper, das sie nicht kannten; sie fanden einen Biber, einen kleinen Mink, der sie anzischte, einen Dachs, einen Otter, Enten und viele andere Tiere.

Sie gingen die Käfigreihen entlang, bis sie schließlich zu einem Käfig kamen, der mit einem Stück Stoff verhangen war. Sara zog das Tuch weg – und ein verschlafener grüner Papagei blinzelte ihr entgegen ... und begann zu lachen!

Es klang wirklich witzig – und jetzt, wo sie wussten, dass es nicht von einem Menschen stammte, auch gar nicht mehr gruselig. Die drei lachten erleichtert mit – darüber, dass sie kein Gespenst angetroffen hatten ... Deshalb nahmen sie auch keine Notiz von dem großen Mann, der plötzlich in der Tür hinter ihnen stand.

„Ich dachte mir schon, dass ich euch hier finden würde", sagte eine tiefe Stimme.

Sara, Sven und Patrick sprangen entsetzt auf und drehten sich sprachlos zu dem Eindringling um.

„Ich wollte nämlich mal mit euch reden", sagte Karl Schmitt.

Panische Stille trat ein.

Patrick traute sich als Erster zu sprechen. „Die Tiere hier ... sie sind alle verletzt oder krank", sagte er und versuchte, mutig zu klingen. „Die sollten nicht hier sein!"

Der Mann schmunzelte nur. „Da hast du völlig recht", sagte er. „Ich versuche mein Bestes, aber ich habe mehr Patienten, als ich versorgen kann."

„Patienten?", fragte Sara zaghaft.

„Ja – das hier ist meine Tierklinik", erklärte Karl Schmitt. „Ich suche am Fluss

nach kranken und verletzten Tieren und bringe sie her; hier behandle und versorge ich sie, bis es ihnen wieder besser geht. Dann bringe ich sie zurück."

„Aber ich habe gesehen, wie Sie den Schwan ins Wasser geworfen haben. Es sah überhaupt nicht so aus, als ob es ihm gut ginge!", platzte Patrick heraus.

„Das ist richtig – nur war er stärker als ich und hat sich losgemacht. Er hat sich in einer Angelleine verfangen und dabei einen Flügel gebrochen. Ich habe ihn später wieder eingefangen; jetzt geht es ihm besser, aber der Flügel wird noch eine Weile brauchen, bis er geheilt ist."

„Und was ist mit dem Papagei?", plapperte Sara ängstlich heraus. „Papageien leben im Dschungel, nicht in Flüssen!"

„Na ja, heute leben auch hier bei uns einige wilde Papageien. Dieser hier stammt aus dem Park oben am Fluss. Dort lebt eine Kolonie grüner Papageien, und manchmal werden sie von anderen Vögeln angegriffen.

Ich habe regelmäßig welche hier – hier kann ich sie besser versorgen. Ich muss oft lachen, wenn ich sie erlebe, und sie ahmen mein Lachen nach. Mittlerweile ist der Park wohl schon voller lachender Papageien, und alle klingen wie ich!"

Dann kam Karl Schmitt auf sein eigentliches Thema zu sprechen.

„Wie ihr seht, ist es nicht einfach, so viele Tiere und Vögel auf einmal zu versorgen. Deshalb wollte ich mit euch reden – und euch fragen, ob ihr mir helfen wollt. Ich kann euch alles über Tierpflege beibringen. Vielleicht habt ihr Lust, ab und zu vorbeizukommen und mir zu helfen? Wollt ihr euch das mal überlegen?"

Später saß Karl Schmitt zusammen mit Patricks Eltern und den drei Abenteurern an Bord der *Tante Hedwig* am Tisch und erzählte, wie er tags zuvor der Polizei dabei geholfen hatte, den Wilderer zu fassen.

„Ich glaube, er hat versucht, meinen

Schwan zu fangen", erklärte er. „Gott sei Dank wird er von nun an die Tiere am Fluss in Ruhe lassen!"

„Es tut mir leid – ich dachte, der Wilderer wären Sie", gab Patrick beschämt zu. „Das zeigt nur, wie wachsam und mutig du bist", sagte Karl und hatte Patrick bereits vergeben. „Ihr seid genau die Richtigen, um mir in der Tierklinik zu helfen."

Die drei Freunde waren schrecklich aufgeregt und freuten sich darüber, dass Karl sie gebeten hatte, nach den Tieren zu sehen. Sie konnten es kaum erwarten, sie wieder zu besuchen.

Am meisten freuten sie sich auf den lachenden grünen Papagei, dem sie bereits den Spitznamen „Kleines Gespenst" verpasst hatten!

Der wundersame Atlas

Die Zwillinge Lilly und Lars aßen gerade ihre letzten Cornflakes, als ihre Mutter am Frühstückstisch die Neuigkeiten verkündete.

„Papa und ich haben beschlossen, euch ein paar Ferientage zu gönnen – bis nach dem Umzug", sagte sie und begann, den Tisch abzuräumen. „Tante Agathe hat angeboten, dass ihr so lange bei ihr bleiben könnt. Sie wohnt im Nachbardorf des Ortes, in dem unser neues Haus steht."

„Wer ist Tante Agathe?", fragte Lars. „Von der habe ich noch nie etwas gehört."

„Oh doch", antwortete seine Mutter. „Sie hat auf euch aufgepasst, als ihr noch klein wart. Sie ist keine richtige Tante – sondern eine Freundin eurer Großmutter."

„Ich kann mich nicht einmal daran erinnern, wie sie aussieht", sagte Lilly.

„Und ich will nicht zu irgendeiner alten verstaubten Tante!", fauchte Lars.

„Tante Agathe mag alles sein, aber keinesfalls verstaubt", lachte ihre Mutter. „Sie ist eine sehr interessante alte Dame, die viel in der Welt herumgekommen ist."

„Ich wette, ihr Haus stinkt nach Mottenkugeln", brummte Lars weiter vor sich hin.

„Halt dich zurück, Lars", sagte sein Vater. „Es ist sowieso beschlossene Sache. Morgen früh bringe ich euch dorthin."

Es goss in Strömen, als das Auto am nächsten Morgen in Tante Agathes Einfahrt abbog. Mit düsteren Blicken starrten Lilly und Lars aus dem Fenster. Im Regen sah das große Haus dunkel und gespenstisch aus, und der Garten war ein einziges Gewirr aus wuchernden Sträuchern.

„Da ist Tante Agathe", sagte ihr Vater und winkte fröhlich aus dem Autofenster heraus. Die Zwillinge drehten sich um und erwarteten, eine grauhaarige alte Frau in Strickjacke und Wollrock zu sehen. Doch sie staunten.

Auf der Türschwelle stand eine große schlanke Frau in einem violetten Samtkleid und mit wilden roten Haaren. Um die Schultern trug sie einen bunt gemusterten Schal, und um ihren Hals hing eine lange Kette aus dicken blauen Perlen. Aus der Entfernung konnte man ihr Alter nicht einschätzen; erst als sie näher kamen, sahen Lars und Lilly viele Falten in ihrem Gesicht.

„Hoffentlich will sie uns nicht küssen", flüsterte Lars, als sie aus dem Auto stiegen.

„Benimm dich", warnte sein Vater ihn.

„Kommt rein!", rief Tante Agathe und hielt die Tür auf, als alle drei durch den Regen ins Haus liefen. „Ich hatte eigentlich besseres Wetter für euren Besuch bestellt."

Lilly und Lars sahen sich peinlich berührt an und lächelten höflich, als Tante

Agathe ihnen zeigte, wo sie ihre Mäntel aufhängen sollten.

„Es ist schon so lange her, seit ich euch zum letzten Mal gesehen habe", lächelte die merkwürdig gekleidete Frau sie an. „Ich küsse euch aber nicht. Ich selbst hasse es, von Leuten geküsst zu werden, die ich nicht kenne – ihr auch?"

Die Zwillinge grinsten. Sie konnten gar nicht anders, als Tante Agathe zu mögen.

„Also, ich hoffe, ihr habt nichts dagegen,

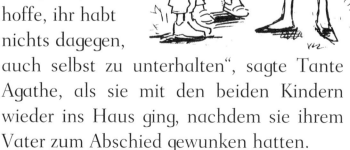

auch selbst zu unterhalten", sagte Tante Agathe, als sie mit den beiden Kindern wieder ins Haus ging, nachdem sie ihrem Vater zum Abschied gewunken hatten.

„Ich fürchte, ich bin nicht mehr so gut im Spielen. Außerdem wollt ihr doch sicher nicht ernsthaft, dass ich mit euch spiele?"

Die Kinder lachten. „Wohin dürfen wir gehen?", fragte Lilly, die sich bemühte, höflich zu sein.

Tante Agathe sah sie überrascht an. „Was für eine Frage – wohin ihr wollt natürlich!", rief sie. „Hier gibt es keine Regeln. Alles, worum ich euch bitte, ist, dass ihr mir morgens meine Ruhe lasst. Aber wollt ihr nicht erst mal das Haus erkunden?"

„Cool", rief Lars.

„Das klingt, als wärt ihr beide geborene Abenteurer – genau wie ich", strahlte Tante Agathe. „Was haltet ihr davon, in der Bibliothek anzufangen? Dort findet ihr jede Menge spannender Dinge. Einfach den Gang lang – und hinten links." Damit verzog sich Tante Agathe in ihr Zimmer und machte die Tür zu.

Lars und Lilly wanderten den langen Gang entlang.

„Was ist schon an einer Bibliothek spannend?", sagte Lars, als Lilly die dicke Eichentür aufstieß. „Wahrscheinlich ist sie voller alter, muffiger Bücher."

Und tatsächlich standen an den Wänden ringsum endlose Regale voller verstaubter Bücher mit merkwürdigen Titeln.

Sieben Jahre in Tibet, las Lilly und zog ein Buch aus einem der Regale.

„Faszinierend, oder?", spottete Lars. „Dann schon eher dieses hier – *Die verbotene Stadt*. Warum die wohl verboten ist?"

„He – komm her und sieh dir das an", rief Lilly und blätterte in einem alten, arg mitgenommenen Atlas herum.

„Was ist denn so interessant an einem langweiligen Atlas?", fragte Lars und lehnte sich über Lillys Schulter. „Außer, dass er auseinanderfällt."

Lilly ignorierte den Kommentar ihres Bruders. „Siehst du das hier?", sagte sie und deutete auf die Wörter, die mit roter Tinte quer über den oberen Seitenrand geschrieben waren. „Ich frage mich, wer das wohl geschrieben hat."

„*Wo ist dein Ziel?*", las Lars laut vor und fuhr dabei mit dem Finger die einzelnen Wörter entlang. „Wie wär's mit … *hier*!", rief er und tippte mit dem Finger auf die aufgeschlagene Seite.

Plötzlich blitzte ein unglaublich helles Licht auf – sodass Lilly und Lars für einen Moment die Augen fest zukneifen mussten. Und als sie sie wieder öffneten, glaubten sie nicht, was sie sahen.

Anstatt in Tante Agathes dunkler, verstaubter Bibliothek fanden sie sich hoch oben auf einem Baum wieder, der mitten in sumpfigem Gelände stand. Ringsum sahen sie nur üppiges Grün; unter ihnen gurgelte ein trüber Fluss. In der Luft lagen merkwürdige, fremdartige Geräusche.

„Was war das denn?", erschrak Lilly, als sie einen lauten, schrillen Schrei hörte.

„Die Frage heißt wohl eher: Wie sind wir hierhergekommen?", sagte Lars.

„Das muss der Atlas sein", erwiderte Lilly, die ihn immer noch in den Händen und nun vor den Bauch gepresst hielt. „Irgendwie hat das alte Buch uns dorthin transportiert, wo du mit deinem Finger auf die Landkarte gezeigt hast. Wo war das?"

„Weiß ich nicht mehr", antwortete Lars und zuckte mit den Schultern. „Ich glaube, irgendwo in Südamerika."

„Das ist ja großartig!", rief Lilly. „Wir hocken auf einem Baum in einem südamerikanischen Sumpf!"

„Gib bloß nicht mir die Schuld daran",

sagte Lars ärgerlich. „Wie konnte ich wissen, dass Tante Agathe Zauberbücher in ihrer Bibliothek hat?"

Doch die beiden merkten schnell, dass sie mit Streitereien nicht weiterkamen.

„Wir müssen herausfinden, wo genau wir sind", sagte Lilly und rief sich und ihren Bruder damit zur Vernunft. „Lass uns auf die Karte schauen."

„Ich glaube, irgendwo hierhin habe ich gezeigt", sagte Lars, als sie den Atlas wieder aufgeschlagen hatten, und deutete auf eine Gegend in Südamerika.

„Das kann gut sein", wusste Lilly, „denn dort gibt es jede Menge solcher Wälder, die Mangroven heißen. Das haben wir in Erdkunde gelernt. Wenn du aufgepasst hättest, wüsstest du das!", fügte sie sarkastisch hinzu.

„Bravo, Einstein", sagte Lars. „Hat man dir auch gesagt, wie man von einem Mangrovenbaum herunterkommt?"

Lilly runzelte die Stirn. „Vielleicht

können wir hiermit hinunterrutschen", sagte sie und zeigte auf die Schlingen, die von den Ästen herabhingen. „Das sind übrigens Baumwurzeln", fuhr sie fort. „Sie versorgen den Baum mit Sauerstoff."

„Danke für die Belehrung", sagte Lars trocken. Insgeheim wünschte er sich, er hätte im Unterricht besser aufgepasst. Lilly wusste immer alles, und das wurmte ihn – zumal sie Zwillinge waren.

Lilly klemmte sich den Atlas fest unter den Arm; dann rutschten sie an den Wurzeln hinab und landeten unsanft am Fuß des Baums. „Lass uns abhauen. Bei all den komischen Geräuschen wird mir ganz anders", sagte Lars und sehnte sich nach Tante Agathes langweiligem Haus zurück.

Lilly nickte. „Dann komm, das Wasser sieht nicht sehr tief aus. Vielleicht können wir hindurchwaten, bis wir festen Boden unter den Füßen haben." Und so begannen sie, durch den schlammigen Sumpf zu waten.

„*Halt!*", schrie Lars auf einmal und packte seine Schwester am Arm. Dann zeigte er auf einen Schwarm brauner Fische, die vor ihnen im Schatten lauerten.

„Und?", fragte Lilly. „Das sind doch nur kleine Fische!"

„Das sind *Piranhas*", korrigierte sie Lars. „Die würden ein Stück von deinem Bein nicht verachten – wenn sie nur die geringste Gelegenheit kriegen."

Lilly sprang mit einem Satz aus dem Wasser. „Danke", sagte sie und schluckte. „Was machen wir jetzt?"

Lars konnte nicht anders, als sich ein wenig stolz zu fühlen, dass er einmal etwas gewusst hatte, was seine Schwester nicht wusste. Gleich darauf sah er am anderen Flussufer etwas im Gebüsch liegen.

„Sieh mal, da drüben", rief er. „Das ist ein Boot! Also kann die Zivilisation nicht weit sein. Wenn wir es schaffen, dorthin zu gelangen, fahren wir mit dem Boot den Fluss abwärts, bis wir in Sicherheit sind."

Lilly gefiel die Idee. „Lass uns auf einem der Baumstämme hier hinüber zum Boot paddeln."

Zusammen beförderten die Zwillinge einen der dicken, herumliegenden Stämme ins Wasser. Lilly klemmte sich den alten Atlas wieder unter den Arm, und beide kletterten auf ihr Floß.

„Sitz doch still!", beschwerte sich Lars,

als der Baumstamm im Wasser mal nach links, dann wieder nach rechts rollte.

„Ich kann nichts dafür!", schrie Lilly. „Es ist nicht einfach, still zu sitzen und dabei gleichzeitig den Atlas festzuhalten. Hör auf zu meckern und ruder so schnell du kannst hier weg ... SCHNELL!"

„Warum diese Hektik?", fragte Lars und blickte sich um. Da sah er, was Lilly sah. Eine dunkle, längliche Silhouette kam im Wasser langsam auf sie zu. Lars konnte nur eine lange Schnauze und zwei Nasenlöcher erkennen, die aus dem Wasser ragten.

„Ein Krokodil!", rief er entsetzt und zog panisch seine Füße aus dem Wasser. Der Baumstamm schaukelte gefährlich hin und her. Lilly konnte sich mit Mühe und Not aufrecht halten, aber der Atlas fiel hinunter und landete – *platsch!* – im Wasser. Das Krokodil kam immer näher.

„Hilf mir!", schrie Lilly und beugte sich, so weit sie konnte, zu dem auf der Wasseroberfläche schwimmenden Atlas hinunter. Lars hielt seine Schwester an einem Arm fest, während sie versuchte, mit dem anderen den Atlas aus dem Wasser zu ziehen, bevor das Biest ihn sich schnappte.

Das Krokodil spürte die Bewegung im Wasser; es öffnete sein riesiges Maul und – *schnapp!* – in dem Moment, in dem Lilly den Atlas zu fassen bekam, schlossen sich die Krokodilkiefer um eine Ecke des Buches und rissen ein Stück heraus.

„Schnell weg hier!", schrie Lilly und warf den Atlas in Lars' Arme. Er tauchte den Atlas wie ein Paddel ins Wasser und ruderte damit los, so schnell er konnte.

„Wo ist das Krokodil?", fragte er atemlos und drehte sich zu Lilly um.

Seine Schwester schüttelte den Kopf. „Ich weiß es nicht", antwortete sie. „Es muss untergetaucht sein."

„Vielleicht mag es den Geschmack verstaubter Bücher nicht", meinte Lars. Das Krokodil blieb verschwunden, und die Zwillinge paddelten quer über den Fluss auf die andere Seite. Dort kletterten sie – vorsichtig, damit sie nicht ins Wasser fielen – in das Boot und machten es los.

„Ich bin pitschnass", erklärte Lilly.

„Wie der Atlas", sagte Lars und legte ihn ins Boot. „Das Krokodil hat eine riesige Ecke abgebissen. Ich schätze, Tante Agathe wird nicht sehr erfreut darüber sein, ihn so wiederzusehen."

„*Wenn* sie ihn wiedersieht", erwiderte Lilly. „Woher sollen wir wissen, wohin der Fluss fließt? Wir können sonst wo landen."

„Keine Sorge, wir haben schließlich einen Atlas, der uns den Weg zeigen kann", witzelte Lars. Plötzlich breitete sich ein Grinsen über sein Gesicht aus. „Ich hab's! Warum haben wir nicht längst daran gedacht", rief er. „Der Atlas! Er hat uns hierhergebracht, also kann er uns doch auch wieder nach Hause bringen, oder? Schnell – such eine Deutschlandkarte!"

Lilly blätterte vorsichtig durch die nassen Seiten, bis sie fand, wonach sie suchten. Und tatsächlich: Quer über die durchweichten Seiten der Deutschlandkarte standen in verschwommener roter Tinte die Worte: „*Wo ist dein Ziel?*"

„Kleinhausen!", rief Lilly und stupste mit dem Zeigefinger auf einen winzigen Ort auf der Karte.

BLITZ! Eine Sekunde später standen die beiden Kinder vor dem Postgebäude von Kleinhausen – in strömendem Regen!

„Lass uns schnell nach Hause laufen, bevor Tante Agathe uns vermisst", sagte Lilly erleichtert. „Hoffentlich hat sie noch keinen Suchtrupp ausgeschickt!"

„Ich weiß nicht, wie wir ihr das erklären sollen", dachte Lars, als sie die

Einfahrt von Tante Agathes Haus erreichten. „Kein Mensch wird uns das je glauben! Vielleicht können wir uns reinschleichen, ohne gesehen zu werden ..."

Doch als sie um die Ecke bogen, stand Tante Agathe bereits auf der Türschwelle.

„Ich weiß, wir waren lange weg ... aber wir können das erklären!", begann Lilly und trug schuldbewusst den durchweichten Atlas vor sich her. Doch zu ihrem Erstaunen schien Tante Agathe sie gar nicht zu hören. Außerdem sah sie gar nicht besorgt aus.

„Hallo, ihr zwei!", rief sie und zwinkerte den beiden Kindern zu. „Ich suche Mauz, meinen Kater. Und – habt ihr in der Bibliothek etwas gefunden?"

Ihr Blick blieb auf dem tropfenden Atlas in Lillys Händen haften.

„Ah!", strahlte sie. „Mein Atlas! Da schaue ich immer wieder gern hinein ... wie lehrreich, denke ich jedes Mal. Vielleicht probiert ihr morgen mal etwas aus dem Geschichtsregal aus?"